絵で見る禅の修行生活

雲水日記

新装版

禅文化研究所

目次

入門編

日課抄

参禅録

歳時記

入門編

初行脚《はつあんぎゃ》

志を立てて郷関を出る

今春、学窓を巣立って、僧堂修行の大決意を固めた仏心寺の弟子、養肝《ようかん》という好青年の体験を主題として、禅堂生活の実際を紹介することにする。

一人前の禅僧になろうとする禅寺の小僧は、僧堂の修行という実習過程を絶対無視するわけにいかぬ。自らの実参《じっさん》実究《じっきゅう》なくして禅の根源的体得はありえない。体験の伴わぬ口耳の学で真に自分や人が救えるとは思えぬ。されば宗門の掟は、大学卒といえどもこの課程を経ぬかぎり住職資格も認めない。彼は禅に生きて、人々の生活を幸福なものに設計指導する仏弟子の使命を痛感、まず、宗旨の蘊奥《うんのう》を究めることにした。

四月のある朝、師匠の万端の指図で古来からの雲水《うんすい》独特の旅装をととのえた。紺木綿《こんもめん》の衣に白脚絆《しろきゃはん》、首に頭陀袋《ずだぶくろ》（雑嚢《ざつのう》）、太紐《ふとひも》で振り分けにした袈裟文庫《けさぶんこ》（内に麻袈裟、日用品、外に持鉢《じはつ》、経本、剃髪用具をくりつける）を前側に、雨合羽・白衣《はくえ》の風呂敷包を後づけにしてひっかつぎ、網代《あじろ》笠《がさ》を携えて、一同に見送られつつ落花の郷里を出発した。まさに決意に燃えた新人生の門出。

行脚

掛錫《かしゃく》

道場入り

昨夜は洛中の知己のお寺にご厄介になり、早朝に辞して僧堂所在の本山境内に足を踏み入れた。落ち葉ひとつ留めぬ通路をはき馴れぬ草鞋《わらじ》で踏みしめて行き、やがて敵の牙城に迫る緊張感を覚えつつ、大看板のぶらさがった僧堂の門前に立つ。

今、入門しようとする僧堂は専門道場の名でも知られ、臨済宗各本山、他の名刹など全国に四十ヶ所近くあって、師家《しけ》と呼ばれる嗣法《しほう》の道場主が一団の雲水《うんすい》（修行僧）たちを指導し、一箇半箇《いっこはんこ》を打出《たしゅつ》する、いうなれば〝禅の本場〟だ。そして、いずこの道場も「禅の大道は無門なり」と何ぴとにもその門戸を開放しているが、さて、この門を入ろうとする者は猛烈な求道心《ぐどうしん》という鍵を要求され、大疑団《だいぎだん》、大憤《だいふん》志《し》、大信根《だいしんこん》の具備が入門資格として試される。

予め教えられては来たものの、これから浮世離れした昔からの方法で入門テストを受けねばならぬと思うとき、さすがに二の足を踏む思いである。

掛錫
本派専門道場
無門関提唱

庭詰《にわづめ》

坐り込み

もはや躊躇はならぬ。最初の関門に挑む。薄暗い玄関の低い式台へ旅装のままで低頭《ていとう》し、無我夢中で「タノミマショー」とどなってみる。と、寂寞《せきばく》のどこからか「ドーレ」と重々しい応答。まもなく現われた一雲水に住所姓名を告げ、願書、履歴書、誓約書を入れた封筒を差し出して掛搭《かとう》を頼みこむ。取りつぎはいったん奥へ伺いに消えたが再び現われ、「当道場はただいま満員でゆとりがない故お引き取りください」と断わると、すげなく奥へ入ってしまってそれかぎり。さあ、これからがたいへんだ。

「たとえ玄関払いを喰らっても用便以外は動ぜず坐りこめ。かりに他の道場へ廻ったところで、同じ口上で追っ払われるだけだぞ」とさんざん忠告されてきた。予定の行動に移らねばならぬ。時に八時過ぎか。長い身体を二つに曲げて低頭《ていとう》を始めたが、はやくも腰は痛み出し、額をのせた手の指は感覚を失って始末がわるい。古来、先輩たちのことごとくが堪えて突破してきた関門だと合点しながら頑張るが、なるほど、聞きしにまさる苦行だ。

庭詰
照顧脚下

投宿《とうしゅく》

宿泊

やっと三時すぎと思われるころ、

「投宿《とうしゅく》を許すから上がりなさい」

という頭上の声。どうやら野宿だけは免れたようだ。草鞋《わらじ》を脱いで運ばれたバケツの水で足をすすぎ、玄関わきの四畳半ほどの小部屋に上がりこみ、袈裟文庫《けさぶんこ》を柱に立てかけて対面して落ちつくと、まったくホッとした蘇生の思い。

まだ早い時刻なのに薬石《やくせき》（夕食）の合図が鳴る。大勢の雲水の末席に並んで、見よう見まねの作法でどうにか雑炊をいただく。夕暮れになると、薄暗い裸電灯が点ぜられた。夜のおとずれとともに刺激的な一日の体験が走馬灯のようにめぐる。終日の低頭懇願でからだ中痛んで顔も足も腫れぼったい。

「どこの馬の骨ともわからぬ奴が、玄関辺でウロチョロせずに、トットと出てゆけ！」

襟首を捕えられて門前へ引きずり出されながら浴びせられた罵詈《ばり》ざんぼう。二回三回とそのたび恥ずかしさに胆《きも》を冷やしながらも舞い戻っては続けた低頭。覚悟の上とはいうものの身も心もくたくたに疲れたようだ。

投宿

一夜の宿

旦過《たんが》

この部屋は日ごろ空き部屋らしく変にカビ臭い。「夕刻来たり、翌朝（旦）過ぎ去る」というのがこの旦過寮《たんがりょう》の意味だろう。何やら規則めいた額が頭上に掲げられているが文字も意味もわからぬ。

薄暗い灯影で感慨に耽っていると、雲水が「茶礼《されい》！」といって赤膳に番茶と饅頭一つ、それと投宿帖をのせて入ってきた。八時ごろのこと。茶を飲みほしてから雲水が持ってきた提灯《ていてん》（手行灯《てあんどん》）の明かりでかろうじて本籍、受業《じゅごう》寺《じ》、姓名などを記帳した。

しばらくして、今度は一枚きりの蒲団《ふとん》が運びこまれ、「今度木板《もくはん》が聞こえたら寝なさい」といわれた。しかし、ねずみのはげしい跳梁《ちょうりょう》とこれから先の不安とで、これではとてもまんじりともできそうにない。

翌朝、朝食がすんだ後に、番茶を一杯振舞《ふるま》われてから、「どうぞご随意に出発を」と追い出された。旅装をととのえて玄関での坐り込み、前日同様の苦行をまた終日続けねばならぬ。

日過

旦過詰《たんがづめ》

独房幽閉試験

三日目の朝になると追いたてがない。第二の関門、旦過《たんが》詰《づめ》をやらせるぞ、というわけだ。

柱に立てかけた袈裟文庫をにらんで終日黙々と坐禅を続けねばならぬ。勤行《ごんぎょう》や食事には呼びだされて、皆の末席でむずかしい恰好をまねながらどうにかすませるが、狭い個室に幽閉の形でただひとり、ぽつんと放置されることはどうにもやりきれぬ。書見《しょけん》や喫煙はもってのほか、しびれた脚をくずして横着しようにも、何やら外に人の気配がし、障子のどこかに目玉がくっついているようで寸分の油断もできない。まさに座敷牢。僧堂ならではの入門試験であろう。

しかし、昔の古人先哲たちの示した求達《ぐどう》の猛烈な気魄《きはく》は、生やさしいものではなかった。慧可《えか》（禅宗の第二祖）は雪中で己の臂《ひじ》を断ち切って熱意を表わし、はじめて達磨《だるま》に許され、教えを受けて嗣法《しほう》したという。ひとたび発願《ほつがん》して郷里を出てきた以上、一大憤志をもって何が何でもやり抜かねばなるまい。

旦過詰

知客《しか》

入門などを管理する役位

「知客寮低頭《しかりょうていとう》！」といわれ、お客や修行僧に応接し、僧堂の綱紀を司っているという役寮、いわば〝雲水総取り締まり〟の前に連れて行かれた。庭詰《にわづめ》の二日間が過ぎ、旦過詰《たんがづめ》の三日目が終わろうとする晩だ。

警策《けいさく》という棒を前に横たえ、かたわらには手行灯《てあんどん》を置いて、どこやら風格はあるが目玉のギョロリとした四十がらみの、その知客《しか》さんの前に恐る恐る頭を下げた。

「今までずいぶんお断わりしてきたが、貴公はなかなか願心も堅いようだし、それに、ただいま欠員もできたので、いちおう明朝は参堂を許しましょう」

まったく人を喰った話だが、どうやら忍辱《にんにく》と没我の苦行というにふさわしい五日間を無事に通過、入門の難関はパスの模様である。

知客
知客寮
副司寮

参堂《さんどう》

翌日の朝食後、いよいよ禅堂に移された。庫裡《くり》から廊下伝いの奥まったところに建つ別棟で、中は一面の敷瓦《しきがわら》、正面の厨子《ずし》に文殊菩薩《もんじゅぼさつ》（聖僧《しょうそう》）が祀《まつ》られ、両側が一段高くなって畳敷き。そしてそこには、先輩たちが全員ズラリと塑像のように坐っている。

案内の侍者《じしゃ》（聖僧に仕え禅堂の世話をする役）の指示に従って、白足袋、袈裟を着け、全身を緊張の固まりにして、まず、聖僧さまに線香を供え坐具《ざぐ》を展《ひろ》げて三拝《さんぱい》し、修行無事を祈る。つぎに直日《じきじつ》という〝禅堂取り締まり〟の前に行き、「今後の教導をよろしく」という意味の低頭《ていとう》。そうして旅荷の置かれた自席に導かれてまさに着座しようとしたその時に、「新到《しんとう》、参堂《さんどう》！」と侍者が大声に呼ばわった。すると、突兀《とっこつ》と坐っている先輩たちはうやうやしくいっせいに低頭したものである。これで仲間入りだ。愚にもつかぬ履歴などは一言半句の紹介もない。まさに簡潔にして厳粛、こんなすがすがしい入学式や入社式が他にあるだろうか。

参堂

安単《あんたん》

仲間入り

ともかく難関を抜けて落ちつくべきところに落ちつ いた。その自席は堂内片側の直日単《じきじったん》という、畳が十四枚並んだ末席の一畳。この一枚が雲水の天地であり、これからのわが生活の場だ。

天井からは各自の単標《たんぴょう》（名札）がさがり、黒幕で遮蔽した蒲団棚《ふとんだな》、その下に持鉢《じはつ》、経本《きょうほん》を置く小棚、袈裟を掛ける細竹が一本横に渡され、座の後方は日用品を収める単箱《たんばこ》（小型の押し入れ）といった簡易住居。

隣席の先輩に教えられ、袈裟文庫を解いてほんのわずかの旅荷を所定の場所にしまいこむ。いったい、雲水の持ち物は、行雲流水の行脚《あんぎゃ》の自由さと、限りない人間の所有欲を捨てる建前から極度に制限されていて、まったくさっぱりしたものだ。

新入りの彼にはすでに三名の先客があった。同じ制間中《せいかん》に掛錫《かしゃく》した新到《しんとう》仲間は同参《どうさん》、同夏《どうげ》といって、同志愛で結びつき、なにかにつけて互いに励まし助け合い、もっとも気心の知れた道友となってゆく。

安單
来
往
收
冬

相見《しょうけん》

道場主に面接

二、三日後「老師相見《ろうししょうけん》！」と告げられた朝、袈裟、足袋を着け相見香《しょうけんこう》の一封を持って隠寮《いんりょう》（老師の部屋）へ行く。宗旨参究の指導者、朝夕参叩《ちょうせきさんこう》して法戦《ほっせん》を交わすべき師家《しけ》との最初の面接。古人は師との初対面においてさえ、問題の核心に切り込むすごいやりとりを繰りひろげたという。が、養肝青年、そうは参らぬ。全身ことごとく是れ緊張、教えられた作法どおり相見香《しょうけんこう》を供え、坐具を展《の》べて三拝をすませ、老師の前に低頭するまでがやっとのこと。香り高い茶を隠侍《いんじ》が運ぶ。それを師にならって飲みほす。やや落ちつきを得、赤毛氈《あかもうせん》に端坐したがっしりした体躯の老大師に百姓親爺の親しみを思い始めた瞬間、チラリと鋭い眼差しを受け、射すくめられた恰好で平伏。やがて、ややしわがれ声で郷里、受業寺《じゅごうじ》などを尋ねられたが、予期に反して温かく、情愛あふれる口調はまことに意外。部屋いっぱい銘香の匂う中で諄々《じゅんじゅん》と修行の心構えについて訓戒を受け、ここに師弟の契りを終えた。張りつめた神経もたちまちほぐれて隠寮を退出した。

相見

日課抄

開板《かいはん》

時鐘

禅堂前門《ぜんもん》の扉の脇には厚い欅《けやき》の木板《もくはん》が吊り下げられていて、時を知らすために日に幾度か七、五、三に打ち鳴らされる。起床から就寝まで、この時鐘ともいうべき開板《かいはん》をはじめ、数々の「鳴らしもの」の合図で律せられる雲水の行《ぎょう》住《じゅう》坐《ざ》臥《が》は、まったく峻烈厳格そのものといえるだろう。

また、仲間の日常生活のすべては、いくつかの役寮《やくりょう》の肩にかかっている。すなわち、堂内の大衆《だいしゅ》は侍者寮《じしゃりょう》の監督、世話を受け、道場全般の運営は、知客《しか》の他に副司《ふうす》（会計）、典座《てんぞ》（炊事）、殿司《でんす》（仏殿の係）、三応《さんのう》（老師の世話）、副随《ふずい》（接客、雑務）などの係によって行なわれ、いずれも久参《きゅうさん》の雲水がその任にあたり半年ごとに交代する。

このように無駄や雑音の除かれた環境で公案《こうあん》一途に集約され、各自が譲りあい、誡《いまし》めあい、勤めあって真の自由な人間像が練り上げられてゆく。

開板

規矩《きく》

諸法度

禅堂後門《ごもん》上の禅堂規則をはじめ、道場内いたるところに諸法度《はっと》条々の掲額が眼にとまる。これは、僧堂生活のすべてが、今日もなお厳然と、百丈禅師《ひゃくじょうぜんじ》という禅堂制度の創始者が定めた僧堂憲法、『百丈清規《ひゃくじょうしんぎ》』を基盤にしている何よりの証拠。

むずかしい法式《ほっしき》の類から箸のあげおろし、下駄のぬぎ方まで出処進退ことごとく規則ずくめだ。自由奔放の娑婆からとびこんできた新到《しんとう》どもにはまったく窮屈至極だが、これも真剣に勤めることによってやがて身も心も規矩《きく》に順応し、古参のように眼つき、運歩、自ずから作法に適《かな》うようになるはずという。

今の世に、また、僧堂ぐらい上下差の厳格なところも少なかろう。先輩を高単《こうたん》・中単《なかたん》・末単《ばったん》と分けるが、十年、二十年と修行の進んだ超古参は評席《ひょうせき》と呼ばれる重役。この序列はすべて年功で、年齢、学歴、出身はいっさい問題でない。一日早ければ一日の長として仕えねばならず、師家《しけ》や大衆《だいしゅ》に関してもまた一念の不満もあるべきでない。あればば道場を去ればよい、去る者を追う者は誰もおらぬ。

規矩

開静《かいじょう》

起床

起床はめっぽう早い。普通、夏は午前三時半（冬は四時半）、大接心中《おおぜっしん》は三時だ。
殿司《でんす》が鈴鐘《れいしょう》を振りながら「開静《かいじょう》！」と常住《じょうじゅう》から堂内《どうない》へ起こしてまわる。堂内大衆は直日《じきじつ》の引磐《いんきん》一通を合図にいっせいに跳ね起き、蒲団は巻いて棚にほうり上げ、衣を抱えて洗面所へ急ぐ。洗面、用便、着服をわずか十五分ほどで終えねばならぬあわただしさ。とまどいがちの新到《しんとう》は、おちつきある進退と、静かで緩慢であらねばならぬ動作の呼吸がまだ呑みこめず、起きぬけに古顔の無慈悲な罵声を浴びねばならない。

洗面所には石盥《いしだらい》に清水が溢れるばかりにたたえられている。しかし、並べられているのはどうみてもふざけたような豆柄杓《まめびしゃく》。ところがこれは、自然、人工を問わず公の所有物を使う場合、浪費や乱費に細心の注意を促すためのもので、わざと小さく作って少量の水より入らぬようにしてある。自然の恩恵に対する敬虔な態度の象徴だというのである。

開定

出頭《しゅっとう》

出頭《しゅっとう》は勤行《ごんぎょう》、提唱《ていしょう》、食事などに参集することで、すべて各種の鳴らしものが合図。本堂の行事は半鐘《はんしょう》・法鼓《ほっく》、食事は雲版《うんぱん》・柝木《たく》（拍子木）、総茶礼《そうざれい》や入浴には柝木《たく》、参禅は喚鐘《かんしょう》といったぐあい。

まず、出頭準備の五声の「支度《したく》」が必ず打たれる。大衆はこれを聞いて袈裟《けさ》を着け、または持鉢《じはつ》など持ち物を携え終わる。すると連声《れんしょう》の「出頭」が点打され始める。七、五、三に打ち上げの場合もある。この音色と響きに直日《じきじつ》の引磬《いんきん》が呼応して、一同は禅堂を出て行く寸法だ。前門の出入りは出頭・参禅以外は許されず、当然、規律正しい雲水のみだりな横行は見られない。僧堂を歩く時、二人以上は必ず雁行《がんこう》し、叉手当胸《しゃしゅとうきょう》していっさい無言である。肘を振り履物《はきもの》を引きずれば古参の鋭い叱責が飛ぶばかりである。鳴らしもののみが応じ合いそこにコトバがある。長い廊下を本堂へ粛々と渡って行くありさまは、あたかも秋空を颯々《さつさつ》と過ぎる雁の一列だ。鳴らしものによって無言のうちに行動する規則正しい集団生活は、まさに芸術的とでもいえようか。

出頭
選佛場

朝課《ちょうか》

暁の勤行

起きぬけの行事、朝の勤行《ごんぎょう》から僧堂の日課が始まる。暁の闇はまだ深く、開け放った本堂へ流れこむ冷ややかな大気と入れ違いに、四辺寂寞《しへんせきばく》の浄域へ大衆の読経に和した磬《けい》や木魚の妙音が響いてゆく。薄暗い室中《しっちゅう》の拝敷《はいしき》の座で、本尊、宗祖、歴代の祖師、大檀越《だいだんのつ》の順に老師が焼香しては敬虔な礼拝《らいはい》を繰り返されると、そのつど、維那《いのう》は回向文《えこうもん》を朗唱する。この間にも警策《けいさく》は絶え間なく巡《めぐ》らされ、醒めきらぬ連中の肩で痛烈な音を立てるのだ。

僧堂で読まれるお経は、「般若心経《はんにゃしんぎょう》」「大悲呪《だいひしゅ》」「甘露門《かんろもん》」「尊勝陀羅尼《そんしょうだらに》」「楞厳呪《りょうごんしゅ》」「観音経《かんのんぎょう》」「金剛経《こんごうきょう》」それに「発願文《ほつがんもん》」の類だが、勤行は、古人先哲の思想に触れて誓いの祈りとなし、仏道につくされた事績に対する報恩のまことをつくすことで、功徳は自ずから生まれてこよう。雑念なく勤行三昧に入るところにまた悟りの機会も生ずるというもの。

ともかく、身も心もひきしまる一時間である。

朝課

堂内《どうない》諷経《ふぎん》

禅堂の聖僧回向

本堂から引きあげてくるとすぐ、禅堂の主人公 聖僧《しょうそう》さんにお経（心経《しんぎょう》・消災呪《しょうさいしゅ》）をあげる。最後に直日《じきじつ》が回向《えこう》文《もん》を唱え終わると、彼の引磬《いんきん》に従って大衆はいっせいに単《たん》蒲団《ぶとん》の上に坐具《ざぐ》を展《ひろ》げ、今日一日の修禅無事を祈って五体《ごたい》投地《とうち》の三拝を行なう。

聖僧は文殊菩薩《もんじゅぼさつ》の僧形《そうぎょう》像で、勝れた智慧と獅子奮迅の徳を司るといわれる。僧堂というところは、お勝手、風呂場から便所にいたるまで、必ずその使命を象徴する仏さまが祀られているが、日夜打坐《たざ》三昧《ざんまい》、般若の智慧を求めてやまぬ雲水たちの起居の場所、禅堂には、まさにふさわしい理想像。叡智を湛えた端麗柔和な尊容は、「聖僧さん」「聖僧さん」と呼ばれる慈父そのものだ。

堂内諷経のあとは梅湯茶礼《ばいとうざれい》。侍者《じしゃ》さんの注いでくれるとびきり酸っぱい梅湯で、残っていた眠気は完全にふっ飛んでしまい、口中も気分もトタンにさわやかになった。梅湯は禅寺特有の暮らしの知恵だ。

堂内諷経

常《じょう》住《じゅう》諷《ふ》経《ぎん》

庫裡の韋駄天回向

堂内衆《どうないしゅう》とともに朝課を終えた常住《じょうじゅう》非番員は、韋駄天《いだてん》さまの前に移ってここでもやはり心経、消災呪。世間ではマッハなにがしの駿足で人気者の、甲冑《かっちゅう》を鎧《よろ》ったいかめしいこの仏さまは、仏法、伽藍を守護する天神で、ちっぽけなお寺でも庫裡《くり》には必ず祀られている斎供《さいく》の守り神だ。

読経がすむとその席で梅湯茶礼《ばいとうざれい》。そして、知客《しか》さんからその日の行事通達、または小言といった告報《こくほう》を聞かされる。常住員は各自課せられた大きな役目がある。炊事、仏殿の手入れ、作務《さむ》、食糧集めの計画、接客、会計、施与物の受け入れ、老師の世話。団体生活を円滑に維持してゆくため、これらの役目を果たすにあたり、たとえ古顔といえども常住規則は常に峻烈厳格な存在だ。「動中《どうちゅう》の工夫《くふう》は静中《じょうちゅう》の工夫に勝ること百千万倍」と督励され、「常住、物を護るに眼目《がんもく》のごとくせよ」と細行を慎み大徳をなせと誡《いまし》められる。知客寮のギョロリとした眼は、いつも大衆のこのあたりに向けられているわけだ。

典座
常住諷経

典座《てんぞ》

炊事係

起床と同時に常住《じょうじゅう》では、まず典座《てんぞ》がまっさきに朝食のお粥を炊きにかかるだろう。飯炊き、お勝手係といえば、一般社会では「おさんどん」と卑しめられて軽いポストなのに、禅寺ではこれがまったく反対だ。僧堂の諸役の中でも典座という炊事係は非常に重んじられて尊敬を払われる。それは、大勢の仲間の生命の糧を操作し、縁の下の力持ち的奉仕の料理番になるからで、それだけ功徳を積む機会も多く与えられるわけ。したがって、これを完全に勤め得る者は古参であり、しっかりした者ということになる。

炊事係の扱う食糧は、一粒の米麦といえども信心檀越《だんのつ》の膏血《こうけつ》だ。「一粒米重き《いちりゅうべい》こと須弥山《しゅみせん》の如し」とか、什器《じゅうき》・材料を扱う態度について、「常住の物を護るは眼目の如くすべし」などといわれて、典座の勤めは厳粛そのもの。よく物料《もつりょう》の本来の使命を点検し、いかなるものでも心をこめて調理をし、無駄のないように彼らは気を配るのだ。

典座
典座

飯台看《はんだいかん》

食事当番

飯器《はんき》（おひつ）、菜器《さいき》（漬物などの菜入れ）、湯器《とうき》（茶、湯の器）、折水器《せっすいき》（洗鉢した残水を棄てる器）、生飯器《さばき》（飯台上の生飯《さば》を取り集める器）などを前にして、神妙に構えたこの飯台看《はんだいかん》といわれる給仕役。この食事当番は堂内衆の順次交替で行なわれる。食堂《じきどう》では彼も大衆も看頭《かんとう》という監督の鳴らしものの指揮で動作いっさいを進める。

人命の糧の食事問題は重大事には違いはないが、僧堂では特別重要性を持つ。だから、食事作法も実に洗練された典型的なもの。古来の規矩《きく》で厳粛さは今も昔と変わりない。食事のための読経の他はいっさい無言。飯台看は相手の合掌や手のサインで加減する。彼の進退はすべて古則に則り、緩急よろしく寸分のスキもない。

極端な粗食は厳しい坐禅とともに僧堂の昔からの看板だ。朝は粥座《しゅくざ》と称して非常に薄い粥をいただく。昼は麦七、米三の麦飯の斎座《さいざ》。二食主義の建前から夕食は残飯かその雑炊《ぞうすい》の薬石《やくせき》が定食である。

飯台看

粥座《しゅくざ》

朝は目玉の浮かぶ粥

飯台看《はんだいかん》の打ち鳴らす雲版《うんぱん》を合図に、大衆は直日《じきじつ》に先導されて食堂《じきどう》に向かう。玄関と本堂の間で両側畳敷き、中央一間半くらいの板の間だ。着座すると食事のためのいくつものお経や偈《げ》が唱えられ、各自持鉢《じはつ》を開いて飯台看から如法《にょほう》に食物を受ける。生飯《さば》と称する七粒ほどの飯粒をつまみ出して餓鬼に供え、看頭《かんとう》の柝《たく》木一声でいっせいに合掌してはじめて箸をとる。

通称「天井粥《てんじょうがゆ》」、目玉もヒゲヅラも映る薄い粥と、異臭を放つ古沢庵《ふるたくあん》だけがすべての、涙ぐましいまでに慎ましい粗食。そして「三黙堂《さんもくどう》」の名の示すとおり、粥をすする音も、漬物を噛む音も、箸を置く音もいっさいが封じられたところ。やがてこうした厳粛な雰囲気の中で食事が終わると、注《つ》がれた一杯の茶で洗鉢《せんぱつ》し、フキンで拭って持鉢《じはつ》をしまいこむ。この一糸乱れぬ厳然とした食事作法はまた、仏道修行の一つであり、この仏飯《ぶっぱん》が一日の求道の糧である。こうした飯台座《はんだいざ》においてこそ、最低の生活に最高の感謝という僧堂生活の真髄がうかがえよう。

粥座

茶礼《されい》

番茶で朝礼

粥座を終わって堂内へ戻る。すぐ茶礼《されい》である。一つの薬《や》罐《かん》の茶を打ちそろって飲む茶礼《されい》が禅寺では重要な儀礼だ。総茶礼《そうざれい》、衆評茶礼《しゅうひょうざれい》もあるが、朝夕二回の茶礼は点呼の意味もあって席を欠かされぬ。また、その作法たるや誠にやかましい。侍者《じしゃ》がまず聖僧《しょうそう》に献茶し、のち大衆に注《つ》いで廻る。隣単《りんたん》と茶碗を寄せ合って注ぎやすくし、茶碗はいちおう右膝前に置き全員行きわたったところで一同合掌して飲むといったぐあい。飲み残しを前に捨てたりしてはならない。やがて順槌《じゅんつい》も終わると侍者は、「本日、日供集米《にっくしゅうまい》!」とその日の行事や作務の振り割りを厳しく呼ばわって告げる。秩序と和合の中に、疲れを取り鋭気を養う茶礼だ。

僧堂日々の行事は一ヶ月を次のごとく三分して行なう。一、六、三、八の日—托鉢《たくはつ》。二の日—集米《しゅうまい》。七、五、十の日—提唱《ていしょう》。四、九の日—剃髪《ていはつ》、内外大掃除、入浴。特に十四日、晦日は「大四九《おおしく》」という。休息日以外はいずれも午後に必ず作務が課せられる。

茶礼

独参《どくさん》

問題解答

粥座《しゅくざ》、茶礼《されい》、ほどなく朝の独参《どくさん》の喚鐘《かんしょう》が鳴る。これぞ修行生活の眼目。臨済には独特の試験問題、公案《こうあん》がある。老師の部屋に入ってその見解《けんげ》を呈する「入室《にっしつ》」を普通は独参《どくさん》という。その公案とは、禅宗史上数多い伝法の和尚たちの言行話題から、意義ある教え、暗示に富んだ話を抽出した宇宙の真理大道で、いわゆる初関《しょかん》の問題、「隻手《せきしゅ》の声」とか「趙州《じょうしゅう》無字《むじ》」を手はじめに千七百もあるという。

新米の新到《しんとう》も独参の作法を教えられて入室し、はじめて公案をもらった。これで本格的入門といえよう。しかし、「隻手に何の音やある、隻手音声《せきしゅおんじょう》を拈提《ねんてい》してきなさい」、何の説明もなく老師はたったこれだけ。見性《けんしょう》入理《にゅうり》の第一問だそうだが、これでは新米にはまったく何のことやらさっぱりわからぬ。五里霧中、暗中模索とはこのこと。「室内《しつない》の事《じ》」はみだりに口外できない。いったいこれをどう料理したらよいものか。これから徹底的に工夫をし、実参実究《じっさんじっきゅう》、ただ自得以外に途《みち》はない。

独参

日天掃除《にってんそうじ》

雲水の掃除の躾《しつけ》の綿密さは徹底したものだ。朝の独参《どくさん》がすめば、堂内《どうない》・常住《じょうじゅう》とも待ち構えていたように屋外掃除にとりかかる。雨降りでないかぎりこの日天掃除《にってんそうじ》は絶対欠かさぬ。これは百丈《ひゃくじょう》和尚の「一日作《な》さざれば一日食らわず」を体得しようとする一つの作務《さむ》を行ずるためで、誰の命令があるでもなく、報酬を期待するのでもない。各自黙々と正念《しょうねん》を守りつつ落ち葉を掃き草を引く。決して世間の単なる労働ではない。身心の凝りを解くとともに、「動」の中で生きた自己を捉《とら》える坐禅の動的表現だ。

中峰《ちゅうほう》和尚「座右銘《ざゆうめい》」には「常に苕箒《じょうしゅう》を携えて堂舎の塵を払え」とあり、神秀上座《じんしゅうじょうざ》は「時時《じじ》に勤めて払拭《ほっしき》せよ、塵《じん》埃《あい》をして惹《ひ》かしむるなかれ」といって、自己心内の無明《むみょう》煩悩《ぼんのう》の掃除をせよと誡《いまし》めている。庭を掃《は》いている趙州《じょうしゅう》に、ある僧が「和尚は天下の大知識というのにどうして塵があるのか」と問うた話《わ》、清掃中、竹に当たった小石の音で悟りを開いた香厳《きょうげん》和尚の話《わ》などから、禅機は日常どこにあるかも知れないことが思われる。

日典掃除

集米《しゅうまい》

僧堂護持のために多数の篤信家が日供米《にっくまい》というものを枡《ます》に蓄えて、月に一度寄進してくれる。二の日、一軒ずつ、手繰《てぐり》を頼りに合米袋《ごうまいぶくろ》へ集めてまわる集米《しゅうまい》が日課のひとつになっている。激しい風雪に叩かれたり、飼い犬の手痛い挨拶を喰らいながら、重い米袋の紐を首筋に食いこませて、京都市中はもちろん、大津、淀のあたりまで歩いてくる。そんな遠集《えんしゅう》のときは、朝、真っ暗なうちから出発だ。

趙州に僧が問うた、「犬ころに仏性がありますか」、州答えて「無」。まったく犬という奴は、この見性入理の第一問となって、古来より幾多の修行者の骨髄に噛みつき、英傑たちに玉の汗を絞らせてきた。ともあれ、雲水は十方の貴い財施《ざいせ》で修行専一になれるわけ。一粒一銭といえども施主の膏血《こうけつ》と心がけて、合米によって支給される日々の食事も、五体を維持できる最低線に止められている。そこでゼイタクな考えは自ずから追放され、感謝の生活に変わってゆく。

集米

托鉢《たくはつ》

街頭募金

一、六、三、八はまた托鉢《たくはつ》の日でもある。托鉢とは「手で鉢をささげる」の義。僧堂では普通、分衛《ぶんねい》と呼んで三人一組となり、朝から十一時かぎりの掟で街頭を雁行《がんこう》する。まさに釈尊伝来の乞食行《こつじきぎょう》だ。貧乏してもコジキにはなりたくないという子供のころの夢とは裏はらに、はじめて「東福僧堂」と染め抜いた看板袋をかけさせられ、雨雪を問わず素足に草鞋がけ、「ホォー」「ホォー」と連呼しつつ、路地から路地を引きまわされて喜捨《きしゃ》を求めて歩くことは、まだ生意気盛りの娑婆《しゃば》っ気《け》が抵抗し、恥ずかしさいっぱいで満足な声は出ぬ。引手《ひきて》に叱られては吼えたてるが、彼らの流暢な追分調とはなんとほど遠い奇声であろう。

しかし、こうした間にも有り難いもの、古参新米の区別なく一様に喜捨を受けていると、いつか心は大気のようにさわやかになり、卑下の心も増上慢《ぞうじょうまん》も地に捨てて托鉢専一となる。施す者も受ける者も一面識なく名もわからぬ。ただ合掌。何のこだわりもなくやがて水の流れる心境になってゆく。

托鉢

小憩《しょうけい》

小休止

早朝から大声を張りあげての街頭行進で、誇る健脚によようやく疲れの見えだしたころ、引手《ひきて》は見計らって小休止を考える。小公園など適当な場所がなければ、途中の講中信者や有縁《うえん》の寺院に頼みこんで玄関先や本堂の縁をしばらく拝借。たぶん、ここでも親切な茶菓《さか》の施しがあることであろう。雲水に施しをしてくれる人々も、別に返礼を待つわけでもなく、少しも誇らしい気持ちがあるわけでもない。まったく「無相《むそう》の施」である。施すも無心、受くるも無心、施物《せもつ》もまた無心である。自我欲望の垣も捨てきる布施行《ふせぎょう》である。

托鉢《たくはつ》はこのように社会の人々に貴い仏縁を結ばせるばかりでなく、また、修行者自身の開悟の機縁となるところにも意義がある。白隠禅師の大悟徹底も、かの信州飯山の正受老人《しょうじゅろうじん》のところで、托鉢中に起こったものと聞かされる。見性《けんしょう》、身心脱落《しんじんだつらく》は禅堂において生ずるばかりでないようだ。

小憩

帰院《きいん》

十一時前、托鉢《たくはつ》はピタリと打ち切られ、まっすぐ帰路に向かう。本山境内に入ればいっせいに網代笠《あじろがさ》を脱ぎ、僧堂門前に近づくと引手《ひきて》は「施餓鬼《せがき》」のお経をはじめる。読経しながら常住《じょうじゅう》の韋駄天《いだてん》さまの前に並び、いま終えてきたばかりの乞食行《こつじきぎょう》の円成《えんじょう》を感謝し、財施の人たちの功徳《くどく》の無量を祈って解散だ。そして、この日の各自の所得は、たとえ一粒一銭といえども私することなく、全部を会計に提出し、明細を台帳に記録しなければならぬ。これはやがて、食《じき》平等《びょうどう》の掟に従っていっさいの生活の糧に当てられてゆく。

要するに、托鉢の持つ大きな意義は、この経済的な物質面よりも、市中の人々に布施離欲《ふせりよく》の機会を与え、一方、自分の忍辱没我《にんにくもつが》の修行のために行なわれるということの方が重要であって、まさに自利利他円満《じりりたえんまん》の行というべきだ。

帰院

斎座《さいざ》

昼は麦飯、味噌汁、沢庵

十一時に雲版《うんぱん》が鳴る。米三麦七の麦飯に味噌汁、古沢庵だけの斎座《さいざ》と称する昼食。つごうで本飯《ほんぱん》に着けぬ者には二《に》番座《ばんざ》があるが、粥座《しゅくざ》同様、その厳粛な作法には変わりない。まず、「心経」を誦して心を静め、「五観文《ごかんもん》」「斎座《さいざ》の偈《げ》」を唱えて食事の意義を観念する。食事のたびに読まれることの「五観文《ごかんもん》」の内容は、もっとも端的に僧堂食事の趣旨を表わしている。

一、供養にあずかる価値を考えて、食膳に供されるまでのあらゆる労苦に謝し
二、わが徳行について反省の機縁となし
三、貪《とん》、瞋《じん》、癡《ち》の三毒を払う目的で、人の受くべき分まで貪りをしないよう
四、体力を支えるための薬と心がけ
五、覚者の道を成し遂げんがために、まさにこの食事を受けよう

また、生飯《さば》の精神は餓鬼への施しばかりでなく、飢える者すべてに思いを致すことで、食事のたびにこの自覚を新たにし自戒を深めるのだ。

齋座

作務《さむ》

労働作業

「一日作《な》さざれば一日食らわず」の勤労精神は僧堂生活のバックボーンだ。禅堂制度の元祖、百丈禅師は八十歳すぎても毎朝の畑仕事を欠かされぬため、弟子が鍬《くわ》をかくした。老師は徒然《とぜん》として自室に坐し食事をされぬ。弟子がいぶかって促すとこの答えであったという。以来、僧堂では、労働は「動」の修行として「静」の坐禅同様に尊重されてきた。いわゆる「動中の工夫」だ。「働かざる者食うべからず」というケチな強制ではない。自律的な自主精神が値打ちだ。大は山作務《やまざむ》から小は草取り、拭き掃除まで、古顔も新米も一様に、黙々と労働の汗を流す。作務中の私語、閑談は思いもよらず、人の嫌う仕事、気のつかぬ仕事、あと始末などを進んでやるから、自然に作業の能率も上がろうというもの。

「一日不作一日不食」の鉄則によって、休息日以外は必ず何らかの作務が課せられ、托鉢、講座日の午後五時、六時ごろまで、または終日汗みどろになって働く場合も多い。

作務

農耕

園頭《えんず》

僧堂の食生活は人々の財施《ざいせ》が主体といえようが、反面、自活のためにあらゆる労働が続けられている。特に野菜などはすべて自給自足の建前から、畑作務《はたけざむ》はなかでも重要な位置を占める。作務には、各人与えられた振り割りに従って耕作作業に黙々と没頭、肥汲《こえく》み三昧、種子播《たねま》き三昧だ。そしてみんな、この労働を通して土に播く一粒にも須弥山《しゅみせん》の重さを発見し、偉大な天地の恩恵を自得する。園頭《えんず》畑の彼らの丹精《たんせい》は、初ものが、まず韋駄天《いだてん》さまにお供えされる。このように、耕作の第一義、立派な収穫を収めながらも、一方、「動中《どうちゅう》の工夫《くふう》は静中《じょうちゅう》の工夫に勝ること百千万倍」の誡《いまし》めどおり、公案工夫《こうあんくふう》を忘れない。これらの実践性が、僧堂の禅生活というものが昏睡状態や瞑想生活でないことを、何より力強く実証するではないか。

園頭

剃髪《ていはつ》

四九日《しくにち》（四と九のつく日）にはまずまっさきに剃髪《ていはつ》だ。朝の独参《どくさん》後、単蒲団《たんぶとん》を単箱《たんばこ》の上にかたづけて、隣単《りんたん》同士で低頭合掌《ていとうがっしょう》して互いに剃り合う。髪を剃る、煩悩を離れて妄想を断ち切ろうとする堅い意志表示の、およそこれほど厳粛な、明歴々《めいれきれき》とした手段方法が他にあろうか。釈尊は「貪《とん》・瞋《じん》・癡《ち》の心が起きたらば、まず自らの頭を摩《な》ずべし」と申された。そこで仏弟子の金看板たる坊主頭は、羅漢《らかん》、南瓜《かぼちゃ》、さい槌《づち》を問わず綿密な手入れが必要だ。ところが、日の浅い新到《しんとう》連中、この剃髪には未だ気おくれする。生まれて初めて手にする剃刀《かみそり》、これを研《と》ぐ術も、扱う手さばきもまったくおぼつかなくて、相手の頭には傷あとの絶え間なし。古参の中にはびっくりするような手荒さで、自身の頭をひとりで剃ってゆく至芸を見せる者もいるのだが。

「ハテ、この達磨さん、どうして鬚《ひげ》がないのだろう？」という古則がある。新到といえどもこの問題を解決するころには、誰もみんな立派な理容師の技が身についているはずだ。

剃髪

大四九《おおしく》

十四日、晦日の大掃除

十四日、晦日《みそか》は大四九《おおしく》で朝日の射すまで寝忘れ（朝寝）ができ、剃髪後、半日がかりで禅堂内外の大掃除、午後は弁事《べんじ》（私用外出）もできようという環境整備の日。どこの社会でももっとも不浄とする厠《かわや》のことを、禅寺では東司《とうす》と呼び、七堂伽藍《しちどうがらん》のひとつに数える。ここにもやはり仏さま、便所の穢れいっさいを吸い取ってくれる烏樞沙摩明王《うすさまみんのう》が祀られている。この役目はあまり愉快でないはずだが、我々人間どもが身心の不浄に縁の切れぬかぎり、これを処理する者がどうしても必要だ。こういう人たちこそ尊い陰の奉仕者で、僧堂では少しでも多くこういう陰徳《いんとく》を積むよう指導される。心地開発《しんじかいほつ》の道場であるとともに、陰徳奨励のところでもある。悟りが開けても行解相応《ぎょうげそうおう》でなくてはならぬ。人の嫌がる便所掃除を新米に押しつけるのではなくて、古参といえども開枕《かいちん》後こっそり厠《かわや》掃除をして徳を積む者もある。禅の真実の修行はトイレにあり。そこで新到《しんとう》たちは競って明王のもとへ馳せ参じ、身心を浄める鍛錬をする。

大四九

開浴《かいよく》

風呂焚き、三助が浴頭《よくじゅう》である。四九日《しくにち》に堂内衆《どうないしゅう》が交替で当番し、知客寮《しかりょう》の指図を受ける。

ところで、焚きものは境内で掃き集めた落ち葉、枯れ枝に限られ、節水については格別厳しい。燃料や湯水を粗末にすることは、天地や衆生の恩を忘ずることで、禅を学ぶ者には厳に誡《いまし》められているところ。新到たちの食う小言もまずそのあたりだ。

老師の入浴がすむと、浴頭《よくじゅう》は本浴《ほんよく》または随意浴《ずいよく》の柝《たく》木を打つ。大衆はこの合図で順次に浴室へ。入浴前後には、入浴せんとして悟りを得たという跋陀婆羅菩薩《ばっだばらぼさつ》に三拝《さんぱい》、半分の線香の燃えつきる間に、湯水を極力節約し、五体の垢を入念に落とす。ここも三黙堂《さんもくどう》のひとつ。いい湯加減で虎造《とらぞう》の一節でもとび出しそうなところだが、風呂場での喧騒はもちろんのこと、私語さえ微塵も許されぬ場所だ。開浴の精神は、日ごろの生活においても沐浴《もくよく》するように、すべて概念論の汚穢《おえ》を洗い流す心構えが肝要とされることだろう。入浴の行為も問題工夫の機会に相違ない。

不許高談戯笑
開浴

祝聖《しゅくしん》

旦望《たんもう》の祝祷行事

〝洗玉澗《せんぎょくかん》〟両畔の楓樹《かえで》は緑滴《したた》るばかり、渓流に架かる名代の〝通天橋〟を粛々と渡ってゆく墨染めの一行の図は、まさに南画の名幅だ。どの禅寺でも元旦はもちろん、月の一日、十五日を特に祝聖《しゅくしん》といって祝祷日《しゅくとうび》としている。今、僧堂の大衆も本坊仏殿、開山堂で塔頭《たっちゅう》の和尚方と一緒に天皇陛下の聖寿を祝祷し、興禅護国を祈願しようとして、折しも禅堂を出てきたところ。

朝七時、本坊の大鐘が全山に轟きはじめるや、侍衣《じえ》和尚、侍香《じこう》が本山住持を兼ねる老師を迎えに現われる。大衆は真《しん》威儀《いぎ》という白衣《はくえ》、白足袋、袈裟の雲水最高の盛装で、堂《どう》内《ない》・常住《じょうじゅう》全員そろって師に続くのだ。

歳旦《さいたん》、朔望《さくもう》（一日と十五日のこと）に意義をもたせ、物事ははじめが大切とする古人の心構えを忘れてならず、いつも庭詰《にわづめ》の心が大事だ。さらに雲門の妙言「日日是好日」に徹してこそ禅者の真面目か。「十五日以前は不問にするが、十五日以後は何か悟るところがあったろう」の問いに沈黙の弟子たちに代わっての自らの答えである。

祝聖

行《ぎょう》道《どう》

大コーラスの行進

厳粛さいっぱいの法堂《はっとう》で、須弥壇《しゅみだん》上二菩薩を従え、四天王に護られた釈迦牟尼仏を真近く仰ぎ、その真前にお経を捧げることは身も心もひきしまる思い。中央部に老師、東西の両班《りょうはん》に塔頭《たっちゅう》の老宿《ろうしゅく》が居ならび、西側後方に僧堂衆が整列する。磬《きん》や鈴が打たれ、やや速調に誦《よ》まれる「大悲呪《だいひしゅ》」。そのつどに老師の敬虔な焼香《しょうこう》と拝《はい》が幾回か続いたあと、いよいよ「楞厳呪《りょうごんしゅ》」となって維那《いのう》の荘重な節廻しが始まる。全員の唱和となって、ここで祈りの大行進に移ってゆく。維那に導かれてゆったりと歩み出した老師のその後に、両班の和尚が順次問訊《もんじん》（合掌低頭して挨拶の形をすること）して一列となって続き、最後に雲水が連なるころは、行進は大きなコの字型を描いて法堂いっぱいに巡っている。叉手《しゃしゅ》当胸《とうきょう》、一歩一歩を踏みしめて進む。一大調和の読経の妙音は、高い蟠竜《ばんりゅう》の天井にこだまして余韻をこもらす。新到《しんとう》も行道《ぎょうどう》の列の流れの中にあって、香煙縷《る》々《る》の間に法悦境《ほうえつきょう》を心ゆくまで味わうことができたであろう。

行道

点心《てんじん》

食事招待

供養《くよう》の意味で講中の信者宅からお斎《とき》の招待がある。目玉《めだま》粥《がゆ》や真っ黒な麦飯に代わって、誠意のあふれた料理をいただくわけだから、点心《てんじん》を割りあてられればまったくゴキゲン、誰も彼もイソイソと出かける。托鉢《たくはつ》のまま遠くの宅までトコトコと歩いて行く場合もある。乗り物文明の時代に実に馬鹿げたエネルギー浪費にみえるが、雲水はいつでも驚くほどの足早で、歩けるかぎりを黙りこくって歩いて行くばかり。

挨拶会話は引手《ひきて》の役。まず仏壇を礼拝《らいはい》し、「観音経」で御先祖に回向《えこう》をすませ、のち、斎膳《さいぜん》に向かう寸法。点心場《てんじんば》といえども食事作法、出処進退少しも僧堂と変わるところはない。新到《しんとう》の気骨の折れるのもまた事実。出された膳部はなめるがごとく頂戴するし、喰い上げ（飯びつを空にすること）もする。でも、御主人は満足気にほほえむばかり。「お経に〝過去心不可得、現在心不可得、未来心不可得〟とあるが、何心をば点じようとするのかネ」と徳山をやっつけて公案《こうあん》にされたような、かの意地悪婆さんは見あたらない。

点心

晩課《ばんか》

夕べの勤行

「一に看経《かんきん》、二に掃除」という禅坊主のモットーどおり、三時にはまた夕べの勤行《ごんぎょう》で長い「金剛経」などを読む。ところで、呉音の経典というものは容易に意味の判るものではない。新到《しんとう》は、この長々とした誦経《ずきょう》のどこに功徳《くどく》があろうと疑いも湧く。しかし久参《きゅうさん》ともなればさすがだ。彼らは、内容は知的に理解できる、できぬを問う必要はないと考える。看経はひとつの祈りとして読経三昧《どきょうざんまい》になればよい。病気に専門的な薬名や調合を詮索する必要がないように、ただ、医師の処方を信じて正しく服薬すれば、全快の功徳が自ずから現われるのと同様といえる。

昔、徳山は手燭《てしょく》の灯を竜潭《りゅうたん》に吹き消されて忽然大悟《こつねんたいご》し、大切な「金剛経」の註釈本を持ち出し「もろもろの哲理を究めても、恰《あたか》も一毫《いちごう》を大虚に置いた如く、世の中の枢機《すうき》を尽くすも一滴を巨大な谷間に投げ込んだようなものだ」といって焼き捨てたという。つまり、教理、経典、知識は第二義的なもので、提灯《ていてん》の火のようなものにすぎぬというのだ。

晩課

晩課掃除《ばんかそうじ》

僧堂の坐禅堂以外の主な建物といえば庫裡《くり》（常住）と方丈《ほうじょう》（本堂、隠寮《いんりょう》）である。方丈の南側は吹き放しの広縁で、庫裡も土間の正面に広い板の間があって、各役寮部屋や炊事場がこれに接する。ところで、どこもかしこも、その掃除と整理の行き届いていることはまったくみごとなもの、板敷きや柱はまるで黒漆を塗りこめたよう、什器の配置は実に整然。これはここに道場開単《かいたん》以来、幾多の先輩たちが遠塵離垢《おんじんりく》を旨として、求道一途《ぐどういちず》の心を朝の掃除、夕べの掃除に具現してきた証拠であろう。

環境を清潔にし、あるべき場所に物を置くことは、すべての日常生活にたいせつなことだ。内なる心の清浄無礙《しょうじょうむげ》を眼目とする僧堂では、外に一点の塵も散乱させないのは当然といえよう。規矩《きく》にも「什物《じゅうもつ》は宜しくこれを護念し、一々用い了《おわ》らば本処に還《かえ》すべし」と。整頓のための整頓や、能率、功用のための整頓でなく、物を生かして使う、物に所を得さしめる慈悲、感謝の表われである。

晩課掃除
殿

昏鐘《こんしょう》

晩鐘

禅堂の障子に黄昏《たそがれ》がせまるころ、殿司《でんす》の撞《つ》く暮れの大《だい》鐘《しょう》が、夕べの大気を震わせて鳴りはじめた。一巻の「観音経」を静かに唱えながら、獅子吼《ししく》の説法という気概をこめて一声一声を彼は撞《つ》いているのかも知れない。煩悩は消され、魂の鎮められるような荘重な響き。祇園精舎《ぎおんしょうじゃ》の鐘の音を諸行無常と聴き、寂滅為楽《じゃくめついらく》と聴きわけた昔の人たち。僧堂の全域に殷々《いんいん》と轟き、遠く洛中に吸い込まれてゆくこの昏鐘《こんしょう》の浄音《じょうおん》を、今、人びとは何と聴いているであろう。

雲門は、「世界はこのように広いのに、皆の衆は鐘が鳴るとなぜ袈裟をかけて法堂へ出かけるのか」という難則《なんそく》を遺した。鐘の一声を耳で聴くか、眼で聴くか、鼻で聴くか。新到《しんとう》もこれからの精進《しょうじん》でいかに聴きわけることができようか。

昏鐘が鳴り終わると僧堂の山門の扉は静かに閉ざされ、やがて夜の参禅の時間に移ってゆく。

昏鐘

守夜《しゅや》

日没になって堂内には鈍い灯がつき、直日《じきじつ》が入堂した。彼は助警《じょけい》に開板《かいはん》を打たせて聖僧《しょうそう》に献香三拝《けんこうさんぱい》を終わると、柝《た》木《く》二声を打つ。常住《じょうじゅう》ではこれを合図に守夜《しゅや》のパトロールをはじめる。各寮廻り持ち当番で、腰上げ、玉だすきをとり、大きな柝木を打ち鳴らしながら「おんばさんばえんていしゅやじんそわか」と守夜神《しゅやじん》の呪《じゅ》を唱え、常住から堂内《どうない》へかけて境内を隈なく一巡する。

僧堂の火盗防災はとてもやかましい。日課には火徳諷経《ふぎん》を怠らず、常住規則の冒頭に「火燭用心専要たり」と掲示をし、大黒柱に愛宕権現《あたごごんげん》〝火要専一〟の護符《ごふ》を恭しく貼りつけて、火気を扱う常住では特別うるさいことだが、さらに日没と開枕《かいちん》の二回、風雨を問わず毎夜守夜をして防災に努めねばならぬ。

堂内ではこのころからもっとも充実した夜の参禅に没頭してゆき、昼間の仕事を終えた居士《こじ》たちも詰めかけて工夫《くふう》三昧《ざんまい》の時間が流れてゆく。

守夜

就寝

開枕《かいちん》

いわゆる開被安枕《かいひあんちん》の消灯時間。普通は九時半、大接心《おおぜっしん》には十一時となる。開枕《かいちん》（または解定《かいちん》）の木板《はん》を助警《じょけい》が打つ。七、五、三のその響きは開静《かいじょう》からたて続けの厳しい日課の終幕を告げて、夜のしじまに印象的に流れてゆく。この時、直日《じきじつ》は聖僧《しょうそう》に一日安泰を謝して、献香三拝《けんこうさんぱい》し、大衆は「尊《そん》勝《しょう》陀羅尼《だらに》」を読誦する。そうして、一同三拝がすむやいなや、単蒲団を単箱上に片づけ、すばやく衣を脱いで袖だたみにして載せ、次に頭上の棚から夏冬兼用の一枚の大蒲団をおろしてカシワにし、着物ぐるみでもぐりこむ。坐蒲団が二つ折りになって枕に変わり、アッという間に単ぶち（上がり框《かまち》）に坊主頭が並ぶ。「ド新到《しんとう》！」と一日中緊張させられてきた彼らには、これでけっこう憩いのねぐら。直日はやおら寝相を検分してやっと警策《けいさく》を収める。

堂内《どうない》は真っ暗闇、聖僧の残香だけポツンと一点赤く、僧堂は寂として眠りに入った。しかし、雲水の苦闘はなお続く。やがて夜坐《やざ》のため、ほとんどの蒲団はもぬけの殻になってゆくはずである。

解定

副司《ふうす》

会計

禅院の重役で財政をあずかる副司《ふうす》役は、ここでは知客《しか》さんの兼務。街の風のあまり吹き込まぬ僧堂でも、月末ごろは勘定集めの商人たちが、会計の副司寮《ふうすりょう》あたりへ娑婆の匂いを運んでくる。その商人も一様ではない。がめつい業者には副司さんの応対もなかなか峻烈だ。当然だろう。支払われる金子はすべて信心施主の膏血《こうけつ》だ。

白隠の　片手の声を　きくよりも
両手叩いて　商売《あきない》をせよ

雲水の『世語集《せごしゅう》』にはこんな文句が見つかるが、軽卒には意味を汲むまい。これは儲けるのがたいせつなのではなくて、商売を通して世の利益をはかり、善事に努める仏性の発揮を心がけろ、というところだろう。「治生産業、みなこれ仏法」の意味も、至誠をつくす職業の貴さを申されたもの。利潤ばかりを目的とせず、聖業と心得てベストをつくす商人が多ければ多いほど、娑婆世界の明るさは増すはず。

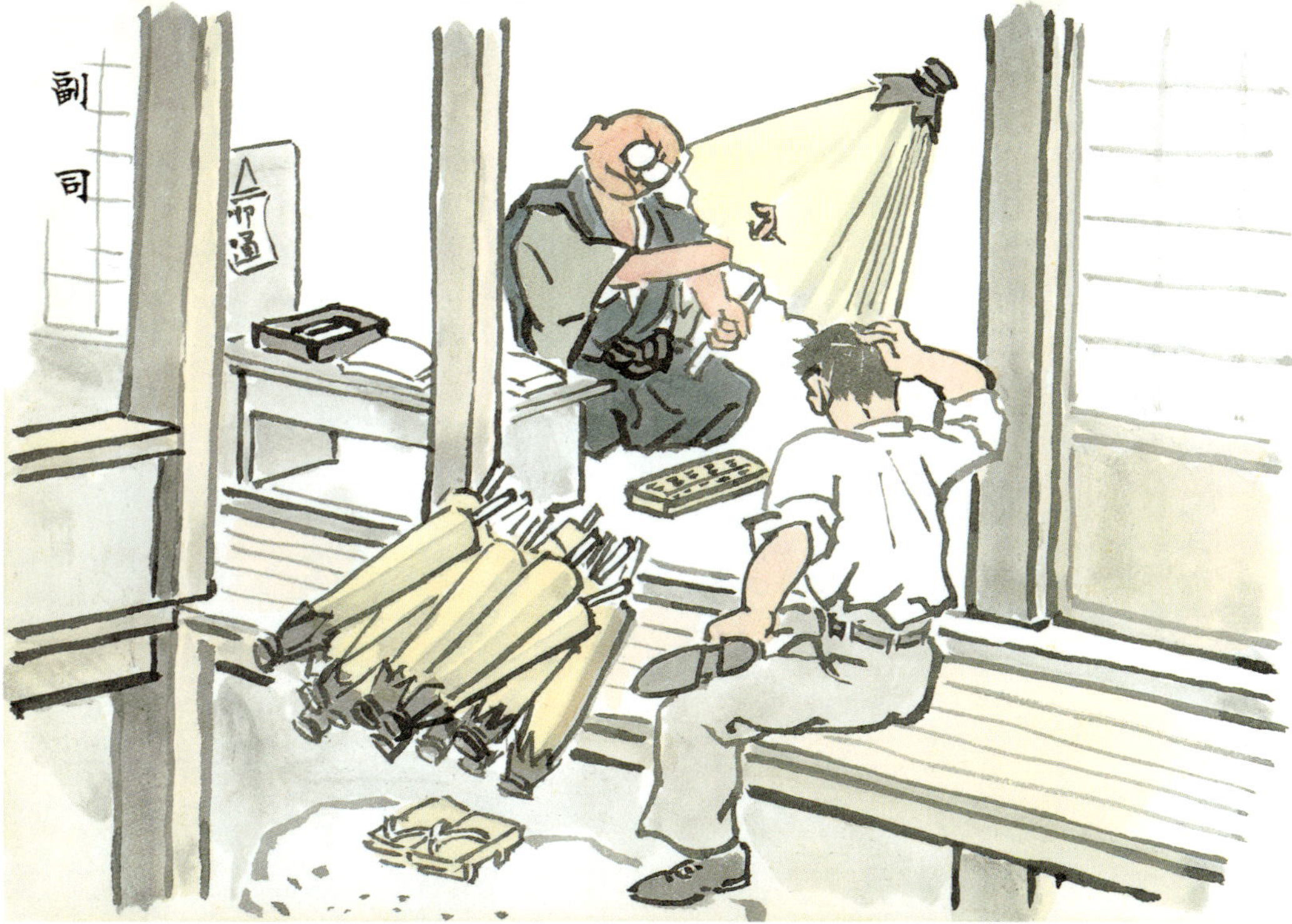
副司

三応《さんのう》

侍従

隠侍寮《いんじりょう》、前版寮《ぜんぱんりょう》ともいわれる三応《さんのう》さんの務めはなかなかたいへんなもの。二人の雲水で老師の食事の世話から、参禅の支度、来客の接待、外出のお供まで、下着洗濯以外日常いっさいの世話をし、家庭の女房役をつとめて息つぐ暇もない忙しさ。夜は開枕《かいちん》された老師のアンマなどで雑巾のごとく疲れた身体でも、さらに夜坐《やざ》に答《むち》打って翌日の参禅に備えるのである。

老師は依頼をうけてよく墨蹟を書かれるが、その墨すりも三応の役。ことに師の禅画といえばみごとなものだが、介添《かいぞ》え万端スムーズに運び、会心作をものされた時は三応の喜びも大きい。達磨を描けば生きた祖師となり、蘭を描けば馥郁《ふくいく》と香を放つ。余人が描いても、かように達磨に魂が入らぬ。さすが、禅的境地を墨美にあらわし得る巨匠の肚《はら》の偉力。師の心と達磨の魂はひとつ。美技に拘泥せず、紙面いっぱい、縦横無礙に躍動する無我の境地に三応さんもただ見とれるばかり。

三応

副《ふ》随《ずい》

庶務

どこの社会でも、人一倍の骨折りを求められながら、華やかなポストの陰になってあまりぱっとせぬ仕事や職場があるもの。庶務、雑務というべき僧堂のそんな役目、それが副随寮《ふずいりょう》だ。

日々の作務の計画、集米《しゅうまい》、托鉢《たくはつ》の予定や割り振り、来客の取り次ぎ、接待、物資の調達や、貼案《てんあん》（料理）、点心《てんじん》付け（お斎《とき》の依頼）、嚫金《しんきん》（お布施）の分配、日単《にったん》（毎日の記録）。まったくのよろず屋である。そしてもし、行事や儀式、何か事がある時は、その前後を通じて忙しさに眼を回さねばならぬ。

ところで、僧堂では日常経験のすべてが坐禅の道に通じている。行住《ぎょうじゅう》坐《ざ》臥《が》、常に話頭《わとう》を胸間に掛けよといわれるが、公案《こうあん》は千七百と限らない。現成公案《げんじょうこうあん》は無限である。雑務のひとつひとつ、生活の中のさまざまの問題、すべてこれ公案でなくてはならず、性根をすえてこれに対決し、解脱してゆかねばならぬ。そこに強い使命感を見出し、陰徳を積み得る悦びを求めて精出して勤め励むのだ。

副随

調理

貼案《てんあん》

儀式法要、来客などには特別献立だ。それらの調理を貼《てん》案《あん》という。禅寺では食物の材料は廃物利用といえるほどお粗末で、捨てさるような物でも必ず生かして使うのが古来の鉄則だ。その反面、料理方法には実に心がこもる。四季の菜物を珍しくおいしくさまざまに改変し、切り方、味付け、用途を工夫する。このような手数、細かい心づかいで風味は深まり栄養は豊かになる。禅貼案が魚肉いっさい禁制にかかわらず脂肪、蛋白質に富むのも、大豆製品、油を使いこなすすぐれた知恵による。

例えば、世上でも人気のある次のような精進料理は、決してぜいたくでなくて非常においしい。

飛竜頭《ひりょうず》　砕いた豆腐に野菜の切れ端を交ぜこみ油で揚げたもの
建長汁《けんちんじる》　廃物の野菜を油でいため醤油で味付け
国清汁《こくしょうじる》　同様のものに味噌で味付け
のっぺい汁　野菜屑に葛を入れ、ショウガをすりこむ

貼案

参禅録

把針《はしん》灸治《きゅうじ》

身辺整備の休日

やがて僧堂には、激しい接心《せっしん》の始まる前ぶれとして把針《はしん》灸治《きゅうじ》がやってきた。

各道場で多少の相違はあろうが、一年を雨安居《うあんご》（五月一日より七月末日まで）、雪安居《せつあんご》（十一月一日より一月末日まで）の二期に分かち、禁足してひたすら修行に没頭する。この安居九十日間のシーズンに入ると、幾度もの接心が行なわれるが、その接心が始まろうという前日、身心整備のために設けられた日が即ち把針灸治。

この日はまず、衣服の繕《つくろ》いや洗濯、もし、身体に故障があれば医者に行って治療し、細かい身辺に煩わされることなく接心一途に専念できる用意をする。いちおうこれが建前だが、みんな身の廻りはそこそこに倉皇《そうこう》と外出し、知人宅を襲い、または名所観光地を訪れたりして、存分に栄養補給や新しい世情認識を深めたりする。接心中のエネルギー放出に備え、思い思いに心ゆくまで充電に費やそうとする一日は、どうしても短く暮れてしまう。

把針灸治

茶礼《されい》出頭《しゅっとう》

御一同御参集

明日からいよいよ雨安居《うあんご》というその前夜、開板《かいはん》後に木柝《たく》五声が鳴って入制総茶礼《にゅうせいそうざれい》の支度《したく》が報じられた。白足袋を履き、茶礼茶碗を袂《たもと》に忍ばせて待つ。カチーッ、一息おいてまたカチーッ。連声の「出頭《しゅっとう》」が高低に鳴り出すと、堂内《どうない》大衆《だいしゅ》は直日《じきじつ》に引かれて本堂下間に粛然と入場。すでに着席の常住員《じょうじゅういん》に対向しズラリと端坐する。やがて正面、毛氈《もうせん》の座には、老師が知客《しか》さんに導かれて着座される。

一日、十五日の祝聖総茶礼《しゅくしんそうざれい》の他に、入制《にゅうせい》、解制《かいせい》、半夏《はんげ》、臘八《ろうはつ》の各大接心《おおぜっしん》や、重要な行事の最初と終わりには必ず総茶礼が行なわれて全員残らず一堂に会し、同じ薬罐《やかん》の茶をそろって喫する。禅坊主と茶は縁深い。「茶に逢うては茶を喫し、飯に逢うては飯を喫す」というが、これは「あるがままに」というよりも、尋常茶飯事と軽視しがちな日常生活を仏行と心得て、至誠をつくし三昧なれということであろうか。

茶礼出頭

総茶礼《そうざれい》

総員集合

〝番茶の乾杯〟は単なる儀礼にはとどまらず全員の志気を一新する。総茶礼《そうざれい》は僧堂生活の一区切りごとの大きなポイントといえよう。

正面に老師の高茶台、左右に居流れた大衆の湯呑み、それらに堂内側より順に薬罐《やかん》の茶が注《つ》がれる。全員にわたるやいっせいに合掌しそろって飲み干す。さらに順槌《じゅんつい》があった後、老師の垂誡《すいかい》（訓示）がはじまり、次に知客《しか》の告報《こくほう》（諸注意）となる。総茶礼の場の枯淡と規律の作法や精神がかもし出す雰囲気は、和敬清寂以外の何ものでもない。

全員が師とともに同じ薬罐の茶をするという行為が、何よりも同胞的な親睦を物語るが、いつも老師は垂誡でこんこんと〝和合僧第一〟を説かれる。聖徳太子は「和を以って貴しと為す」と示されたが、今日ほどまた、全世界が国境や人種を越えて〝和〟を渇仰《かつごう》している時はないだろう。〝和〟こそまさに古今東西の三宝《さんぽう》である。

総茶礼

亀鑑《きかん》

本領

「禅門の徒、古則に参得するは吾宗第一の公務なり……」

老師は垂誡《すいかい》の冒頭、まず大接心《おおぜっしん》に臨む心構えとして亀鑑《きかん》を読んで聞かされる。

「先徳の方便を弁《わきま》えぬ輩は、公案工夫《こうあんくふう》を軽んじ無駄飯を食うばかり。求道《ぐどう》のために頭を集めた以上、工夫《くふう》一途に専念すべきである。仏性《ぶっしょう》を徹見し、自己の幸福と社会のためになり得る力の体得に、寸暇をも空費してはならんぞ」という意味。

ところで、今や世界で祖師の命脈が息づくのはわが国ばかりとなった。万人のわが禅門への期待は大きく、こたうべき修行者の責務は重い。ド性骨を入れてこの安居《あんご》を坐らねばならぬ。だが最近各僧堂は人少なで昔日の面影なしという。宇宙時代とはいえ人類最高の道たる禅。たとえ規律や根性、道徳の教育、あるいは、ノイローゼ治療、ストレス解消のためだけの禅ブームであるとしても、万人がその底深く真実の道を渇仰してやまない現実を斜視して、仏弟子の義務を放棄して恥とせぬ輩こそ、仏飯の大害虫であろう。

亀鑑

告報《こくほう》

気合い注入

入制《にゅうせい》前夜の新到《しんとう》たちはさらにドギモを抜かれる。開枕《かいちん》後、中単《なかたん》連中に休息所へ呼び出され、告報《こくほう》とてさんざん気合を入れられた。後輩指導の棒喝《ぼうかつ》は臨済伝統の活作略《かっさりゃく》、歯に衣《きぬ》着せぬ罵倒や痛棒も、ここでは憎悪や暴力に堕せず、後に何も残さぬが、新米には慈悲の策励《さくれい》もただの愕《おどろ》きでしかない。日ごろの小言もさりながら、今夜の念入りの説教にはまったく仰天した。実はこの中単連中もつい先刻、高単《こうたん》から存分油を絞られたところだ。

今の世に僧堂ぐらい上下の厳しいところも少なかろう。ここでは一日早い入門は一日の長、その年功序列の厳格さがきびしい道場規律を保つのかも知れぬ。だから、やっかいな仕事のほとんどはまだ一人前扱いされぬ新到の肩にかかってしまう。そして、新到がたるむと中単が高単にどやされる。中単がたるめば高単が役位に、役位が老師にというふうに、理に適《かな》った秩序と規則の上に、古来のしきたりを土台とした切磋琢磨は、浮世離れでも往時の軍隊や近ごろのシゴキの理不尽な暗黒面はない。

告報

開講《かいこう》

シーズン始め

すでに新人の到来もやみ、師親《ししん》の大事以外の帰省は許されなくなった。昨月までの制間《せいかん》の解放感はふっとび、緊張の気魄のみなぎった五月一日。結制開講《けっせいかいこう》の朝。まさに雨安居《うあんご》の幕開きだ。

　午前十時、まず喚鐘《かんしょう》三通でその行事は始まった。続いて大鐘十八声。大衆は真威儀《しんいぎ》の正装で待つうちに、とうとうと法鼓《ほっく》の出頭《しゅっとう》合図となって本堂に入場。本堂は荘重に荘厳《しょうごん》され、上間の毛氈には塔頭《たっちゅう》和尚がズラリと威儀を正してより重厚さを増す。五巻の「大悲呪《だいひしゅ》」を読経のあと開講。偈頌《げじゅ》という今日の盛儀に因む説法を七言詩に託した老師の獅子吼《ししく》は、若葉の風に乗っていやが上にも厳粛さを盛り上げるかのよう。一同は五体投地《ごたいとうち》の礼拝《らいはい》のあと、引き続き「大般若経」六百巻の転読。全員は、この会中《えちゅう》無事の祈祷に大いなる願望と憤志とをこめながら、空中に経巻の弧をそれぞれ描き出して活況のうちにめでたく終了。かくてシーズン開幕にふさわしい盛儀となり、あと饗応《きょうおう》の斎座《さいざ》に臨んだ。

開講

接心《せっしん》

参禅強調週間

禅の真生命が躍動する接心《せっしん》という行事、これこそ僧堂生活の大眼目だ。接心は心を接（摂）取すること、即ち精神をひとつの対象＝公案《こうあん》に一途に集中して乱さない意味だが、一定の期間中、昼夜不断で坐禅することをいう。

制中《せいちゅう》は、この接心と名づける〝参禅弁道強調週間〟の連続となる。雨安居《うあんご》に入ると五月に入制《にゅうせい》、六月半夏《はんげ》、七月夏《げ》末《まつ》の大接心、雪安居《せつあんご》には十一月入制《にゅうせい》、十二月臘八《ろうはつ》、二月制《せい》末《まつ》の大接心というふうに年間六回、それぞれ一週間にわたって設けられ、さらにこの大接心の前後には地取《じど》り、練《ねり》返《かえ》しと称する普通接心が続いて絶え間がない。

接心中はよりいっそう厳格な規矩《きく》のもとに、すべてが参《さん》禅入室《ぜんにっしつ》に集中される。まず坐禅の時間が長くなり、独参《どくさん》の回数は増す。外部との交渉は断たれ、起床は極度に早く、夜は遅くなるので睡眠は極めてわずか。だからこの間の身心の消耗は実におびただしいものだ。

接心
入制大接心
面会謝絶

坐禅《ざぜん》

瞑想思惟、仏心をとらえるポーズ

「公案工夫《こうあんくふう》で自己の本性を徹見する」のに、動作、姿勢の問題はないはずだが、実際上は坐禅が最適とされ、わが禅宗の大眼目、修行の主体となってきた。古人の辛苦の体験が生みだしたものだ。そして『坐禅儀《ざぜんぎ》』には調身、調息、調心の打坐《たざ》要領がつまびらかに説かれている。

結跏《けっか》（右脚を左股《もも》に、左脚を右股に載せる）または半跏《はんか》（左脚を右股に載せるのみ）の脚上に腰を据え背を伸ばす。耳と肩、鼻と臍《ほぞ》と相対して垂直、右手を左脚に、その上に左掌《たなごころ》を重ねて両拇指《ぼし》を合わす。視線は三尺前方に落とす。五輪の塔を積めるごときもっとも安定した美しい健康的な姿勢。そこで、丹田《たんでん》に気をこめ、出入りの息を数えて呼吸を調える。こうして妄想、執着を払い、やがて根源的無意識状態に入れた時、そこが天地と我と一枚のところ、この間に公案に溶け込み三昧となる。この正しい坐禅方法で修行が熟すれば、いわゆる身心脱落《しんじんだつらく》の境界になり、驀然打《まくねんた》発《はっ》、正法《しょうぼう》の真理を知ることができると教えている。

坐禅

止静《しじょう》

只今坐禅中

参禅の時間、直日《じつじき》が香盤《こうばん》に新たな坐香《ざこう》を立て、おもむろに柝《たく》木一声、引磬《いんきん》四声を打ち鳴らすと、たちまち堂内は坐禅三昧の止静《しじょう》の世界。もはや厠《かわや》に起つことも許されぬ。寂として咳払い一つなく、開け放たれた窓より吹きこむ風にただ香煙が揺らぐばかり。一香の燃えつきるまでの四十分、これを一炷《いっしゅ》という。一炷を単位に息ぬきの抽解《ちゅうかい》をはさむという要領で坐禅は何炷か続けられる。禅堂にはいろいろの動機や目的で、幾人かの学生や婦人がつめかけて坐りに来る。他宗の他力信心や、キリスト教の神の信仰に生きぬけないで、禅の道に悟りを求めてやってくる人たちだ。彼らは坐禅することによってはじめて生活の指針を発見し、真実に触れた生活をたのしんでいるようである。したがって、居士《こじ》、大姉《だいし》と称するこれらの人たちの参禅態度は、まったく真剣そのものといえよう。

止静

警策《けいさく》

めざまし棒

ほどなく、止静《しじょう》中の堂内《どうない》を、直日《じきじつ》、久参《きゅうさん》の者が警策《けいさく》を構えて廻りはじめる。と、激しい音が響き、瞬間裂帛《れっぱく》の気がみなぎる。身体の安坐によりいつともなく襲う睡魔を、彼等は文殊菩薩になり代わり、四尺二寸の平らに削った樫の「訓戒の棒」を振るって、追っ払ってくれるわけ。まさに慈悲の策励《さくれい》、行ずる前後にはお互いに丁寧に低頭合掌《ていとうがっしょう》しあって少しの私情もない。打つも打たれるも真剣そのもの、そこには脈々と躍動する不断の真生命があるばかり。いやしくも警策は、娑婆で見受けられる無定見な〝しごき棒〟の類では決してない。平素の恨みを警策で晴らすなどとはもってのほか、打たれても瞋《いか》りを生じてはならぬ。これはまた、睡気を払うばかりでない。坐相のゆがみを正しく直す。さらに工夫に没頭するあまり筋肉は硬直し神経は緊張するから、その不快感から救われるためにも受ける。睡、不睡の区別はない。そしてその数も、片側、夏は二回、冬は四回、左がすめば右というふうに、道場規矩《きく》のシンボルそのものだ。

警策

喚鐘《かんしょう》

入室報知の鐘

臨済で坐禅といえば単なる静坐ではなかった。公案《こうあん》の工《く》夫《ふう》があり、悟りがあった。そこで「坐禅は安楽の法門」だけではすまされず、大疑団《だいぎだん》、大憤志《だいふんし》、大信根《だいしんこん》が必要となってくる。

まだ五里霧中の「隻手音声《せきしゅおんじょう》」のために、食を忘れ、眠りを忘れ、生きているか死んでいるかわからぬような状態までいって取り組むのである。

そして、朝晩二回の喚鐘《かんしょう》（大接心中は四回）が鳴り出すと、喚鐘場《かんしょうば》に駈けつけては入室《にっしつ》し、新到《しんとう》は新到なりに己が体験を通してひねり出した見解《けんげ》の鑑別を受ける。鑑別を受けぬかぎりは坐禅は実を結ばぬ。喚鐘二つを叩いて老師の部屋にすすむ足どりは、まさに虎穴に入る思いといえよう。古来、この参禅弁道のためにいかに多くの者が命がけの激しい努力を重ねてきたことか。大死一番《だいしいちばん》、命根断絶《みょうこんだんぜつ》といい、苦修徹骨《くしゅうてっこつ》、喪身失命《そうしんしつみょう》を避けぬ猛修行を続けてきたのである。

喚鐘

入室《にっしつ》

解答提出

臨済の雲水には入室《にっしつ》の伴わぬ修行はない。ひとたび喚《かん》鐘《しょう》一点を打って隠寮《いんりょう》に入り、師の三尺の面前で三拝をすませてしまえば、俗世間的な礼儀作法はいっさい無用。この密室の消息は誰もうかがい知る者はないが、見解《けんげ》をもっとも端的に表現するためには、時には師に平手打ちを加えたり、または足蹴にすることさえあるだろう。一方、シッペイを膝に獅子王のごとくに端坐した老師は、ただ解答を聞くのみでそれが正解の場合はうなずいて認めるが、浅薄だったり、邪見の時は否定の鈴をチリチリチリンと鳴らすだけ。そうすればいっさいの言動を中止して、ただちに合掌礼拝、引きさがってゆかねばならない。偏見に捕らわれている場合は、手厳しい棒打ちを喰らったり、大喝を浴びて追い帰されるばかりで、いやしくもこの場で教えられるということは全然あり得ない。まさに法戦場《ほっせんじょう》。公案を契機として、死んで生き抜くことができるか否かの真剣な場である。熱喝瞋拳《ねっかつしんけん》は師家《しけ》の活作略《かっさりゃく》、深い慈悲である。そこでまた、大憤志を起こしては猛烈に工夫《くふう》するのだ。

入室

仏心行《ぶっしんぎょう》

御案内

直日《じきじつ》の罵声、障子の倒れる音、静かなること林のごとき禅堂内に突然のこの狼藉《ろうぜき》はどうしたことか。独参《どくさん》を終えて戻ってくる者を待ち構えていた直日《じきじつ》が、「もう一度参禅せよ」と無理無体に駆りたてているのだ。やっと絞りだした解答をもって参禅しながら、あっさり振られて隠寮《いんりょう》を退出してきたところ。行ったところでまた老師に叱りとばされようし、行かねばこうして直日、久参《きゅうさん》連が強引に連れ出そうとする。進退窮まり、単などにしがみついて頑張るが、ひっぱたかれ、蹴とばされ、衣もズタズタにされて、ついにはひきずり出されてしまう。

一見、残酷野蛮な大接心《おおぜっしん》のこの〝御案内《ごあんない》〟。新到《しんとう》たちが何よりとまどう古くからのこの伝統は、深い霧中に閉じこめられて困惑しきっている修行未熟の者たちに、勇猛心を振るい起こさせ、活路を見出ださせようとする切々たる赤心の現われに他ならぬ。ここまで追いつめないと真剣になれず、真剣にならないかぎり悟れない。先輩たちの悟らせようとする仏心の仕わざというべきか。

仏心行
天 地 玄 黄

経行《きんひん》

歩行運動

坐禅の時が流れ、三、四十分も経って一香が燃えきると、抽解《ちゅうかい》という十分間ほどの息ぬきがある。二便往来《にべんおうらい》（便所へ行くこと）もこの時だが、泰然たる塑像の群は、一炷《いっしゅ》ぐらいではかすかな動揺もなく、静寂不動の姿の中に活潑潑《かっぱつぱっ》地《ち》の気力がますます充たされてゆく。こうした坐禅が二時間以上にもわたると、はじめて抽解に経行《きんひん》という歩行運動を行ない、体調、気力の更新がはかられる。直日《じきじつ》が柝《た》木《く》二声を打って経行の合図をすると、端坐していた大衆はいっせいに坐を起って単を降り、高々と腰上げをからげ、叉手《しゃしゅ》当胸《とうきょう》、一列をなして単に沿いながら静かに堂内を歩く。または、競歩ていどの足早で禅堂のまわりを駈《か》けめぐる。この運動で脚の苦痛はやわらぎ、睡魔は逃げ、心にスカッとした生気が蘇ってくる。しかし、動中の工夫《くふう》といわれて、経行にも坐禅中の三昧を存続させることは決して忘れてはならない。柝《た》木《く》一声鳴って経行は終わる。

経行

法鼓《ほっく》

その日が二、七、五、十のいずれかであれば、午前八時ごろにはきっと本堂から、とうとうと法鼓《ほっく》の音が響いてくるにちがいない。大衆はこの合図で袈裟を着け、講本を携えて本堂に参集する。街からは居士《こじ》や大姉《だいし》も聴聞《ちょうもん》にやってくる。

古来、〝法雷〟などと申すこの太鼓、『碧巌集《へきがんしゅう》』の話がおもしろい。ある日禾山《かさん》和尚が大衆に「聞き学問は役に立たぬ。学問を使いこなせて一人前。本当の悟りの境地『真《しん》過《か》』へゆくにはこれも卒業せねばならぬ」とおっしゃった。そこで、ある僧が問うた。「その真過をいま少し詳しく」。するとと、「まあ、太鼓を打つ稽古をしなさい」。会得する何かがあるはずじゃ」。それから何を聞いても訊《たず》ねても「ともかく太鼓を打て」の一点張り。さていったい、真過とは何だろう。禅か、信心か、苦境にあっても生きぬいてゆく力か。あるいは幸運に恵まれても堕落せぬ鎖だろうか。この天下無双の太鼓の音、新到《しんとう》にはいつになったら解ることやら。

法鼓

提唱《ていしょう》

講座

言葉につくせぬ先哲の悟りの境地、何とかそれを他に知らせようとする祖師方の大悲心がもとで、不立文字《ふりゅうもんじ》の禅門に典籍がもっとも多くみられることになった。『碧巌集《へきがんしゅう》』『従容録《しょうようろく》』『無門関《むもんかん》』『臨済録《りんざいろく》』、その他枚挙にいとまがない。提唱《ていしょう》とは、これら先人古徳の語録、逸話を老師より聴聞して求道の一助にすることだ。

老師は知客《しか》に導かれて入堂し、読経が始まると祖師に三拝をすませて講座台に上がる。侍者《じしゃ》の運んだ一杯の茶にノドを湿らせてまず講本の素読。そしてそのあと、求道者たちに般若の眼を開かそうと、慈悲と熱意の提唱が約一時間。しかし、それは難解な文章の評釈ではなく、先哲の悟りは体得以外にないことを、大衆の心中に通現させようとされるものであれば、慧眼のいまだ開けぬ新到《しんとう》にはチト会得しがたいものだろう。何しろ、言葉に表わせぬ真理を言葉とした祖録の表現は、一見矛盾と逆説である。「有無の会《え》や虚無《きょむ》の会《え》」の思考から離れて真理を見究めねばならない。

提唱

工夫《くふう》

あの手この手の思案

工夫《くふう》とは「思考、思惟が転じ修行に努力すること」とある。修行には願心と、その願心を実行する根性が第一で、運・鈍・根の運などはない世界だと聞かされる。

入門して「隻手《せきしゅ》の音声《おんじょう》」はまだ解けず、迷雲のまっただ中にある新到《しんとう》。この接心《せっしん》中にはどうしても隻手を徹見せずんばやまぬものと奮起し、道を歩いても隻手！　便所にしゃがんでも隻手！　箒《ほうき》を作っても隻手！　と下腹に気を満たして「動中の工夫」を続けている。この努力こそ、必ず修行の内容にむくいるにちがいない。

普通、禅堂ではひたすら工夫三昧にならせようと、書見《しょけん》はいっさい許されぬ掟であるけれど、もし公案の解答ができて著語《じゃくご》を置く場合のみ、『禅林句集』『世語集《せごしゅう》』と称する、禅に関する章句や道歌、俳句など古書からえり出して集めたものをあさることができる。

ともあれ、公案《こうあん》そのものに没入し、なりきることが工夫である。

工夫

夜坐《やざ》

真夜中の坐禅

公案《こうあん》の工夫《くふう》を凝らして、人間すべてが生まれながらに持っている心性《しんしょう》（仏性）を見ぬき、心性にかなって直ちに仏となろうという禅の修行法、これに昼夜の区別などあるはずはない。

猛烈な求道心に燃える若者たちは、開枕《かいちん》消灯後もこっそりと禅堂のカシワ蒲団から抜け出して、それぞれ本堂の濡れ縁や石塔の間など、樹下石上に坐蒲団を敷いてひとりで坐禅をし続ける。冬は氷雪寒風に苦しみ、夏はヤブ蚊の猛攻に悩む。時には男女の夜のデートの気配が若い雲水の心をゆさぶり、あるいは夜啼きそばのチャルメラが空腹の底に響く。それでも、睡魔を払うため坐禅中股《もも》に錐《きり》を突きたてたという宋の慈明《じみょう》のような古人先哲の努力に見習って、いっさいの妄想を打ち払いながら、自己の真面目を把握しようとしては、知らぬまに徹宵して坐り明かすこともしばしばだ。

夜坐

総参《そうさん》

総員参禅

総参《そうさん》の喚鐘《かんしょう》の一声、それは、時には非情なまでの響きを持つ。総参の場合にはひとりとして入室《にっしつ》を拒むことは許されず、大衆《だいしゅ》はことごとく知客《しか》の打ち鳴らす喚鐘一声で、順次隠寮《いんりょう》に向かわねばならぬ掟だから。

独参をするたびごとに熱喝痛棒《ねっかつつうぼう》を喰らって追いかえされ、入室を渋ろうものならば、直日《じきじつ》に追いたてられたりして、こうして、すでにいうべき答えはいいつくし、施すべき手段は用いつくしている。接心中には必ず二、三回はある総参《そうさん》、もはや進退窮まった狂おしいばかりの心理状態で、またまた是が非でも総参せねばならぬ。絶体絶命のところに立って、はじめて閃電にも似て真理の徹見はあるといわれる。その見性《けんしょう》が得られるはずの与えられたチャンスなのだが、場合によってはこの喚鐘に追いつめられた苦しみは、坐禅や睡魔の肉体的苦痛にも増して格別のものである。

総参
知客

検単《けんたん》

看閲

昔は安居《あんご》修行の最終日、住持が朝食後に寺内の各寮を巡回して調べてまわることを巡寮《じゅんりょう》といったそうだ。

大接心《おおぜっしん》一週間の初日と最後の総参《そうさん》で、老師《ろうし》は大衆ひとり残らず公案《こうあん》工夫《くふう》のぐあいを点検されたあと、引き続き禅堂に赴いて検単《けんたん》を行ない、そして単上の各々の坐禅の状態の入念な看閲《かんえつ》に移られる。

生命ぎりぎり、工夫の甲斐あって大きな所得のあった者、苦修徹骨、根かぎりの努力を重ねたにもかかわらず、遅々として難透難解《なんとうなんげ》を抱き続ける者、人々の成果はさまざまの模様だ。しかし、みな一様に頭髪を伸ばして眼をくぼませ、激しい接心のあとをまざまざと物語っている。戦場を駆けまわって矢のつきた武者といった体《てい》。老師は、そのひとりひとりの面貌と工夫の跡を照合でもするかのように、鋭い眼差しで厳しく点検されつつも温か味のあるゆっくりした足取りで堂内を一巡し、やがて隠寮《いんりょう》に引きあげてゆかれる。

検單

延寿堂《えんじゅどう》

看護室

〝目玉粥《めだまがゆ》〟に睡眠不足の雲水たちが、溌溂《はつらつ》とした健康を保ち、多くの師家《しけ》方が驚くべき長寿をまっとうされる不思議はどう解釈すべきだろう。これこそ、正しい坐禅と規則正しい修行生活の功徳といわねばならぬ。『坐禅儀《ざぜんぎ》』にも「自然に身体も軽やかに安楽になり、精神もさわやかに鋭くなる」と教える。第二義的とする坐禅の生理的効果も決して軽視するわけにはいかない。

身心の緊張を欠いた時、その時こそ病魔の入りこむ機会と思われる。もし、坐禅に耐えられない場合は単を退いて延寿堂《えんじゅどう》に移り侍者《じしゃ》の世話を受けるが、しかし、ここにも病僧の忠実にまもるべき掟は厳として掲げられており、たとえ、病中といえども正念工夫《しょうねんくふう》を放棄せぬよう誡《いまし》めている。

大病の馬祖《ばそ》が見舞に来たある院主《いんじゅ》に対していった。「人の寿命なんて月面仏《がちめんぶつ》の一日一夜もあれば、日面仏《にちめんぶつ》の千八百歳なんてのもある。どちらでも結構さ」と。人間のもっとも大いなる苦悩、病の問題について充分思いを凝らさねばならぬ。

延寿堂

陰《いん》事《じ》行《ぎょう》

盥《たらい》の肌着が知らぬ間に洗濯されていたり、下駄の緒がいつの間にかすげ替えられていたり、真夜中秘かに便所掃除がされたり、僧堂とはそんなところだ。参禅入室《さんぜんにっしつ》や、厳しい規矩《きく》の日常生活ばかりが雲水の修行ではない。『坐禅儀《ざぜんぎ》』に、「自分だけの解脱《げだつ》では本当の坐禅でない、自利利他、覚行円満であれ」という。自己の解脱でさえ容易でないのに、これにはよほどの心構えがいる。陰徳《いんとく》はいかに行じ難く、それだけにいかに貫く、たいせつなことか。

僧伽《そうぎゃ》は、いわゆる、相互扶助と相互奉仕の精神の溢れた団体だ。だから、雲水は他人に迷惑をかけぬようにし、反面、仲間の幸福のために力をつくす。それも、人に知れないように行なうのでないと陰徳とはいわれぬ。他のためにするのに報酬を期待し、感謝や謙虚の念を欠くならば、それは奉仕ではなくして卑しむべき商取引となろう。善のために善を行ない、善を行なって善を忘れる「無功徳《むくどく》」を行ずるのが禅の修養だ。

隠率行

見性《けんしょう》

無心にはほど遠く雑念は雲のごとく湧く。古人の豁然大悟《かつねんたいご》などの見性《けんしょう》は本当だろうか、などと雨安居《うあんご》、臘八《ろうはつ》も焦燥《しょうそう》煩悶《はんもん》に過ぎる。やがて、冬の制末大接心《せいまつおおぜっしん》、星凍る寒天下の夜坐《やざ》、凍えた五体はもはや寒気を覚えず、呼吸も忘れたかの瞬間、カサと落葉を聞いた気がしてハッとわれに帰ったとたん、あッ、これだナと豁然《かつねん》と心境がひらけた。翌朝の独参《どくさん》がもどかしかった。一気に「天地人間一切隻手」の見解《けんげ》を呈す。そして、師にはじめてうなずかれた時、それこそ手の舞い足の踏むところを知らず、まさに「一段の風光、画《えが》けども成らず」。この大歓喜はとても伝えるすべはない。「隻手」の拶所《さっしょ》や雑則《ざっそく》もみごとに透過《とうか》。ついに念願の「隻手」を征服した。

けれども、初関《しょかん》は型どおり透っても、やっと自性《じしょう》の片鱗を垣間《かいま》見たところ。機関《きかん》、法身《ほっしん》、言詮《ごんせん》、難透《なんとう》、五位十重禁《ごいじゅうじゅうきん》と、千七百の古則の工夫には、長年月を要するだろうし、修行の道程ははるかに遠い。修行の醍醐味も「隻手」を透過してからと聞く。老師の叱咤激励は向上の一路の上にさらに加えられよう。

見性

歳時記

降誕会《ごうたんえ》

除策《じょさく》

安息日

桜咲き散り、感慨あわただしいうちに、卯月八日の灌仏《かんぶつ》会《え》だ。釈尊の誕生を祝う花御堂が飾られ、甘茶を沸かすなつかしい行事が地方の寺々に今も残されていようが、僧堂ではこの日は除策《じょさく》として待たれる。除策とは、僧堂生活の厳しい規矩《きく》の象徴というべき警策《けいさく》が、文字どおり堂内から姿を消す特別の休日のことだ。二祖《にそ》三仏忌《さんぶっき》や正月、盆、祝日には必ず除策となるが、日ごろの緊張に緊張を重ねた束縛から解放され、まったくの放参日《ほうさんび》として一脈の春風を満喫できるこの一日は、雲水にとってかけがえのないものであろう。

接心《せっしん》中の運動不足によってせき止められた若者たちの活力は、まず、相撲大会などを催すことによって発散されてゆく。昔から禅は、剣や相撲、または碁、将棋など勝負の世界の極意に通ずるといわれてきたように、無心のうちに妙技を見せる雲水相撲はなかなかみごとなものである。

除策

大会

加担《かたん》

応援

春秋の好時節には、各地本山や僧堂で、幾十年ぶりかという遠諱《おんき》大法会《だいほうえ》や大接心会《おおぜっしんえ》が画期的行事として催されるものだ。たまたまその拝請《はいしょう》を受け全員随喜《ずいき》し加担《かたん》することになった。はるばる長旅を終えて到着するとまず開浴《かいよく》。他山の雲水と統合して総茶礼《そうざれい》に臨み、会中《えちゅう》の差定《さじょう》や告報《こくほう》を聞いて到着振舞《とうちゃくぶるまい》。翌日より典座《てんぞ》、貼案《てんあん》、椀頭《わんず》、供給《くきゅう》、款接《かんせつ》、殿司《でんす》、直壇《じきだん》、説教師、雑務などの諸役割につき、総監《そうかん》、知《し》客《か》の和尚や役寮《やくりょう》和尚たちの指示に従って、期間中、全国から参集する檀信徒をもてなし、食事宿泊、法要、授戒など諸行事の加勢をする。これがまた、宗風を顕彰する意義深い接心会の場合には、一期一会《いちごいちえ》の勝縁に浴する思いで打坐に打ちこみ、あるいは提唱《ていしょう》を聴講することになるだろう。

数日間にわたる大会《だいえ》は峻厳な雰囲気につつまれて盛大裡《せいだいり》に円成《えんじょう》し、各山の大衆は謝労斎《じゃろうさい》のねぎらいを最後に門送《もんそう》されて分散してゆく。雲水にとって、このような空前の盛事への参加は、修行中の特別な思い出となって生涯懐しまれるだろう。

加担

半斎《はんさい》

僧堂生活は苦労の多いものだが、その暮らしの中だからこそ味わうことのできる楽しみがある。展待《てんたい》という振る舞いもそのひとつ。篤志の人びとによる求道者たちへの給食だが、仏忌《ぶっき》、大接心《おおぜっしん》、祝日などに供養されて、食堂《じきどう》には施主の名を大書した展待牌《てんたいひ》が掲げられる。

展待の種類にはいろいろある。添粥《てんしゅく》は〝はくてき〟（白米飯）に〝きんぴら〟など一菜、終日饗応《しゅうじつきょうおう》といえば朝から晩まで〝小豆飯《あずきめし》〟に〝胡麻和《ごまあ》え〟〝奴豆腐《やっこどうふ》〟〝飛竜頭《ひりょうず》〟など幾皿も並ぶ。〝ちゃめこく〟（茶飯《ちゃめし》、国清汁《こくしょうじる》）の場合、または〝うどん供養〟の場合もあるが、もちろん僧堂独特の精進料理。一般家庭では毎日の惣菜ていどであろうが、日ごろのひどい粗食生活からみればすばらしいご馳走にちがいない。事実、味付けもみごとなものだが、それにも増して親切な貼案《てんあん》（献立）と財施感謝の念が最上の風味を引き出す。奢りに馴れることはおそろしい。常につつましく最低のところに線を置く僧堂の暮らしには、「無一物中《むいちもつちゅう》、無尽蔵《むじんぞう》」、愉しみの余地はかぎりない。

半齋

更衣《こうえ》

ころもがえ

六月一日は更衣。雲水は、木綿衣《もめんごろも》を蚊帳《かや》のような麻衣《あさごろも》に替える。巷ゆく人びとも夏服、夏ものとなるのみか、田舎では蛇が衣を脱ぐ日という。夏衣に着がえた瞬間の身心のさわやかさ！　ところで、十一月一日、再び冬衣を着るまでにやってくる炎暑にも、襦袢《じゅばん》、木綿着《もめんぎ》、麻衣《あさごろも》という装束はこれ以外に変えられぬ。反面、どれほど雪下ろしが暴れようと、冬夏の襦袢、袷《あわせ》、木綿衣《もめんごろも》の威儀《いぎ》は一定不転。脱げず、着られぬ寒暑の処、玉の脂汗を流しつつ、またはヒビの裂《さ》け目を撫でながら、いっさいの束縛を脱し融通無礙の身心を練りあげて、欠く時も余る時も、自由自在の人間性体得に励む。

『碧巌集』の話《わ》はまさにこの辺の消息だ。ある僧が洞山《とうざん》に問うた。「寒暑到来せば如何にしてか廻避せん」。「無寒暑の処へ往くことだ」。更に問う「如何なるか是れ無寒暑の処」。

「寒い時にはあえて寒い処で歯を食いしばり、暑い時にはカンカン照りに身を曝すことさ。さような境地こそ、無寒暑の処というべきだよ」

更衣

半夏《はんげ》

雨安居半ばの大接心

六月十五日より一週間の大接心《おおぜっしん》。雨安居《うあんご》の中間に行なわれるところから、半夏《はんげ》または半制大接心《はんせいおおぜっしん》の名がある。そろそろ坐禅にも汗や睡気が加わり、やぶ蚊の攻勢が激しくなって、満足に坐ることもできない。それに連日の梅雨空で分衛《ぶんねい》や集米《しゅうまい》の雨合羽は乾く暇なく、八《や》つ茶礼《ざれい》の施菓《せか》などがたまに退屈を凌いでくれるくらいのこのごろである。

坐禅に馴れない者が、シトシトと降る雨音に聞き入るのも心を集中するにはお誂えむきだが、そこは修行未熟の哀しさ、雨音のみにこだわって妄想を誘いがちとなる。「雨《う》滴声《てきせい》」の古則があるところをみると、古人も雨の音には閉口したものか。雨音を承知しながら、「門外是れ何の声ぞや」と僧に訊ねた鏡清《きょうせい》和尚の求めた答え、それは決して「雨滴声!」などではなかったはず。この僧、こんな浅い宇宙現象の上っ面しか見ない答えで、どうして宇宙の真諦に参入することができよう。ザァザァ降りの南山北山へ行ったとしたら、いったいどうなることだろう。

半夏

夏末《げまつ》

饗応《きょうおう》

焼けつく土用の太陽の下で、肥汲《こえく》み、植え木の刈り込みなどの大作務《おおざむ》が毎日のように続き、夜は夜で汗にまみれて打坐《たざ》に打ちこむ、制末大接心《せいまつおおぜっしん》だ。評席《ひょうせき》という役位《やくい》連が今制の反省、来制の人事などについて衆評《しゅうひょう》なる重役会議を開き、衆評《しゅうひょう》茶礼《ざれい》の展待《てんたい》を受けるのも夏末《げまつ》のこのころ。

かくして雨安居《うあんご》も終わろうとするが、大接心や大作務《おおざむ》など、大行事に没頭したあとの法楽のひとつ、「うどん供養」は雲水にはなんともまたこたえられない。雲水はみんな〝うどん〟が実に大好物で、驚くばかりの量を平らげる。食べかたもまことに洗練されたもの、昆布のだし汁を各自の持《じ》鉢《はっ》に取り、おろし大根、きざみ葱、生姜、紫蘇、胡麻、海苔などの薬味を添え、大きな桶から巧みにはさみあげてはこのツケ汁で大きい音をたてながら競ってすする。まったく風味は満点。そして、この〝うどん〟をすする音だけは、厳粛この上もない三黙堂《さんもくどう》でただひとつ天下御免というのも愉快なことだ。

饗応

期末の点検

起単留錫《きたんりゅうしゃく》

いうなれば、雲水の勤務評定。夏、冬、九十日間の安居《あんご》の終わる二、三日前になると、大衆《だいしゅ》は晩、開板《かいはん》後にひとり残らず評席《ひょうせき》という役位《やくい》たちの前に呼び出され、起単《きたん》（転出）か、留錫《りゅうしゃく》（残留）かを問いただされる。そして、いま終わろうとする安居中の行状や修行態度が適当であればさほど小言もないが、わずかの反則でもあった者は、その不行状について、実に峻烈なまでの叱責を食わねばならない。

これは、昔の僧伽《そうぎゃ》における自恣《じし》の制度の名ごりで、百丈和尚の叢林以来実施されてきた自己批判という。僧伽では夏末《げまつ》の一日、ひとりひとりが大衆の前で自分の不如法を告白懺悔せねばならず、自己批判のできぬ者は、他人によってされねばならなかった。

役位《やくい》たちの歯に衣を着せぬ口をかぎりの罵詈は、浄玻璃《じょうはり》の鏡で汚れたわが姿を見せつけられるようで、不陰徳《ふいんとく》な行為が痛く反省されるが、日ごろ無意識に犯していた不徳には大きなショックである。

起單留錫

解制《かいせい》

シーズンオフ

八月一日。終業式ともいうべき講了《こうりょう》の日。厳しい規律と激しい接心修行に明け暮れた雨安居《うあんご》もこの日をもって解制《かいせい》となる。

「喚鐘三通大鐘十八声法鼓出頭、五巻大悲呪講了下座触礼、寮元隠寮祝礼」

朝からこの告報《こくほう》の行事も終わり、晩、開板《かいはん》後の解制総茶《かいせいそうざ》礼《れい》で来制の人事の発表を待つばかり。真夏の太陽がやっと傾いた開板前の一刻、堂内休息所裏の樹蔭になにやら煙とおぼしきものがあがりはじめた。「どやし」である。雲水伝統の放行《ほうぎょう》、上役にないしょでこっそり白米飯を炊いて食うのである。解制の解放感からさっそくの脱線行。明日からは仲間の顔振れも変わる。〝分単茶礼《ぶんたんざれい》〟の名目で同じ破れ鍋の飯を分けあって食う今夜の「どやし飯」の醍醐味は、また、別離の味もして何ものにもたとえられぬ。激しい修行の中にあってこそ味わえる苦楽悲喜はこもごも。明暗双々となって展開される若者たちの青春は、いつも生き生きと新しい。

解制

二夜三日《にやさんにち》

　八月二日、新旧役寮の交代が終わってそれぞれ新しい場所に落ちつくと、旧常住員《じょうじゅう》たちは二泊三日の慰労休暇をもらってとび出して行ってしまう。半年間のねぎらいの休息だ。常住ではどの寮舎でも、堂内《どうない》衆のように坐禅三昧に打ちこめるわけではない。わずか二名の係で、団体生活の円滑な維持のために、自己に優先して道友のために没頭してきた。この課せられた役目に対する骨折りはまったく尊い。

　一夏《いちげ》を無事に果たし終えた満足感と解放感から、近くの者は郷里の自坊や知己を訪れ、さもなければ、景勝地を巡って遊山翫水《がんすい》の行脚に出かけて行く。「芳草に随《したが》って去り、落花を逐《お》うて回《かえ》った」。長沙《ちょうさ》和尚の真に時空を超越した心の余裕。半年間、道友たちの中に没入して来たが、こんどは、閑日月を愉しんだ和尚にならって、悠々自然の中に融けこみ、自然とともに遊ぼうというのである。

二夜三日

棚経《たなぎょう》

精霊棚《しょうりょうだな》に新鮮な夏野菜、果物を供え、迎え火、送り火を焚いて亡き祖先の霊をまつり、棚経《たなぎょう》の僧を迎える、全国的な行事の盂蘭盆会《うらぼんえ》。講中の家々をまわる僧堂の棚経は、十三、十四、十五日、暫暇《ざんか》した残りの大衆が手わけして洛中を早朝から駈けまわる。

昔、目連《もくれん》が神通力により、亡母が餓鬼道で飢え苦しむ姿を見て、釈尊に救出の法をたずねたところ、「七月十五日自恣《じし》の日に、修行者に新鮮な食物を供養せよ」と教えられた。この功徳《くどく》によって母はもちろん、餓鬼道すべてのものが救われたという。

ゆかしい盆行事の教えるもの、それは、亡き人への思いやりの心を、生ける人びと、すべての生きものに注ぐことだろう。いま、現代万人の心の奥にひそむ、物質文明と裏はらに増してゆく精神的悩みこそ〝逆吊《さかづ》りの苦〟といえよう。救われる道は施しの心の外にない。やさしい眼、まごころの奉仕など、いわゆる「無財の七施」を自分自身の心に見出だすのが禅の道ではあるまいか。

棚経

施餓鬼《せがき》

方丈広縁に水施餓鬼《みずせがき》の棚を組み、八月一日より一週間、毎晩万霊供養をする。ときどき勤められる「大施餓鬼《おおせがき》」は禅寺の法要がわりあい単調な中でもっとも荘重で、青笹で囲んだ施餓鬼棚に盛られた山海の六味、風にひるがえる白幡、五色幡、そして独特の節まわしの「甘露門《かんろもん》」の唱和などなじみ深い。

施餓鬼の功徳は「存者は福楽にして寿きわまりなく、亡者は苦を離れて安養に生ず」という。

この起因は、釈尊のころ、阿難《あなん》が焔口餓鬼《えんくがき》に「定命尽き餓鬼道に墜ちるを免れたくば、餓鬼に充分な食事の施しをせよ」といわれて、陀羅尼を唱え供養する修法を釈尊より教わったというが、このガキはあまりにも身近に存在するようだ。おたがいの心の相、飽くことを知らぬ所有欲、精神的にも徳の身につかぬ者を指すのではあるまいか。この心のあさましさを自己反省し、身貧しくも心豊かに、深い精神生活によって物質生活を浄化するのが施餓鬼の目的だろう。

施餓鬼

彼岸鉢《ひがんはつ》

出張托鉢

お彼岸がくると僧堂は大挙して大阪遠鉢《えんぱつ》だ。本山の別院を根城に一週間、大阪方面講中の誦経に駈けめぐり、長蛇の列を作って市中を連鉢《れんぱつ》してまわる。

この出張托鉢は、ある道場の老師が、増員で不如意のお勝手を潤す方便にはじめられたという。たしかに雲水には遠鉢の嚫金《しんきん》は魅力だ。しかし、いかに経済的所得が大きいといって、托鉢本来の、布施離欲《ふせりよく》、忍辱没我《にんにくもつが》の自利利他円《じりりたえん》満行《まんぎょう》の目的を第二義にしてはならぬ。まして、人々を涅槃の岸に渡すべき彼岸のことだ。

しかつめらしい乞食坊主の行列が、〝もうかりまっか〟一途のナニワ商人どもに結ばせる離欲布施の仏縁は、決して小さくはない。施す者、受ける者、その時、心がひとつに融ける。ここが大阪鉢の醍醐味だ。そして、誦経先でのもてなしは手厚く、点心《てんじん》は豪華版。ありがたいことである。その上、珍しい風物の中には、雲水の眼目、公案に事欠かぬ。

「ナニワの八百八橋とはこれか?」

「トラも来ればキツネも往くぜ」

彼岸鉢

休息《きゅうそく》

慰労休日

一週間の遠鉢《えんぱつ》から帰院《きいん》した翌日は、大衆《だいしゅ》に休息《きゅうそく》が与えられる。休息日には托鉢《たくはつ》や作務《さむ》などの主要な日課からはことごとくのがれて、静かに身心の疲労を癒し、鋭気を養うことだけになりきる。何ものにも執着することをやめていっさいに捕われなければ、いっさいに即してゆく高次の心境が開けてくるものという。休息は怠惰ではない。だから僧堂では、大きな身心の疲労を伴う大行事や激しい労働作業の後には必ず休息が設けられ、徹底的に休むわけだ。

この一日は、いち早く洗濯、繕《つくろ》いをして旅の身始末を終えると、あとは意の赴くままに茶などをたててみる。酒や煙草に憩いを求めるのは、それは娑婆での消息だ。無心に喫する茶の芳味に、疲労を癒し、睡気を去り、和合をもたらす功徳が溢れているかのよう。禅寺ほど茶と密接な関係にあるところもあるまいが、まさに茶礼《されい》は休息にうってつけの、ふさわしい所作事であろう。

休息

達磨忌《だるまき》

弁事《べんじ》

私用外出

菊香り、蒼空高い十一月五日、全員、本坊の「達磨忌《だるまき》」半斎《はんさい》に出頭、僧堂は除策《じょさく》、展待《てんたい》などけっこうずくめの旗日だ。午後は弁事《べんじ》（私用外出）をもらい、街でちょっぴり放《ほう》行《ぎょう》、たまたま店頭の初祖大師に相見《しょうけん》する。庶民には〝起き上がり小法師〟であり〝七転八起〟の人生教訓、処世の倫理だろうが、雲水坊主の眼には〝宗旨の権化〟としか映らぬ。

この菩提達磨《ぼだいだるま》、古代インドで、釈迦の悟りを自己の実践の上に体現しようとする独特の宗風を生みだした。六世紀初め、三年を費やし南海より中国に渡来、梁の武帝にその禅要を説く。しかし帝の理解が不充分とみて魏へ逃れ、嵩《すう》山《ざん》の少林寺にいわゆる〝面壁《めんぺき》九年〟、大法は慧可《えか》に与えられた。宗旨の大命脈を伝えるこの消息は、数々の話頭《わとう》とされて古来幾多の児孫《にそん》が心血を注いできたが、「祖師西来意《せいらいい》」も「聖諦《しょうたい》第一義」も今のところ、新到《しんとう》にとってはすべて「不識」。雪竇《せっちょう》和尚は「早く心眼を開いてその辺の生きた達磨に相見せよ」といってござるが……。

達磨忌
おみやげ

款接《かんせつ》

講中斎《こうじゅうさい》

接待係

五月、十一月中旬に催される講中斎《こうじゅうさい》は、僧堂が日ごろ財施を受ける篤信家の恩に報いるための一日で、羅漢供養《らかんくよう》を営み、斎筵《さいえん》を設けて講中信者をことごとく招待してねぎらいをする。

この日は、他の僧堂衆の加勢も得て全員が会場の本坊につめかけ、典座《てんぞ》、椀頭《わんず》、供給《くきゅう》、殿司《でんす》などの役割に従って終日目のまわる忙しさで立ち働かねばならない。方丈の大広間に赤毛氈《あかもうせん》を展《の》べ、すべての人に一様に朱塗りの斎膳でお斎《とき》を出して鄭重《ていちょう》に給仕をする。午後は羅漢供養や講中先亡《せんもう》のために大施餓鬼が勤められ、説法が行なわれる。数多いお客の大半は、毎月の集米先で見かける顔、彼岸鉢《ひがんはつ》でわずかになじみの阪神方面の講中の顔などだ。これらの人たちが、珍しい精進料理の接待に堪能し、新緑の若葉に包まれた壮麗なる七堂伽藍《しちどうがらん》の美を愛《め》でて下山していくとき、雲水たちもまた、日ごろの財施に報いるささやかな感謝の法施をなし得た法悦を味わって、終日の疲労もいっぺんにふっ飛んでしまう。

講中齋

開山忌《かいさんき》

加役《かやく》

手伝い

東福寺の開山忌は十一月十七日。毎年一山をあげて、法堂、開山堂に厳粛な法要を繰りひろげる。遠い地方の老宿も続々登山し、僧堂衆も前日の宿忌《しゅくき》から早暁の献粥《けんしゅく》、半斎《はんさい》へかけての盛儀に加わる。荘厳された広い法堂の献笛《けんてき》の響きの中で、緋紋白《ひもんじろ》の九条衣をまとった老師は敬虔な十八拝。縷々《るる》たる香煙のかなたに、隻眼国師の峻厳な頂相《ちんそう》（肖像）が、今もなお脈々と伝わる生命の躍動を感じさせておのずから仰がれる。

この日、方丈で一同に供された斎座《さいざ》は、揚げ昆布、大根葉ひたし、煮豆、大根・豆腐煮付け、汁という古来変わらぬ伝統の枯淡な献立だ。

開山は、わが国の国師第一号、円爾《えんに》（一二〇二〜八〇）といい静岡の人。わが禅宗草創期に入宋すること七年、無《ぶ》準《じゅん》師範《しぱん》に法を嗣ぎ、仏典、漢籍、茶、麺などを携えて帰朝し、九条道家に請ぜられ東福寺第一世となられた。また、後嵯峨、亀山両上皇、北条時頼の帰依をうけ禅を確乎のものにされた。遺偈《ゆいげ》は、

「利生方便　七十九年　欲知端的　仏祖不伝」

開山忌

大根鉢《だいこんはつ》

僧堂の雲水がリヤカーや大八車を引っぱって大根鉢《だいこんはつ》に出るころは、京の秋はもうすっかり深くなっているだろう。伏見あたりの本場で大根引きがはじまると、大衆は朝から総出して沢庵漬けの材料を托鉢《たくはつ》に行く。門前の米屋で古カマスや古縄をもらい、車を借り受けて本町街道をひた走り。昔、日吉山王《ひえさんのう》の神輿《みこし》を担ぎ出した叡山の荒法師どもの鼻息は、こんなぐあいだったかも知れない。やがて、一同は方々に手分けして、広々とした大根畑や農家の作業場から、屑の大根をもらってまわる。そして、昼には奇特な尼寺や素封家などを点心場《てんじんば》に、午後もまた遅くまで托鉢しては大根の俵を作る。

大根は捨てられてしまうか、商品にはならぬケチな残りものばかりをもらい受けるわけだが、これを雲水はかけがえのない副食物に姿を変えるのだ。僧堂の托鉢生活が、経済的埒外で受け身、没我的でありながら、しかも自由奔放に自身の境界《きょうがい》を開拓してゆくところは、まさに芸術的生活ともいえるだろう。

大根鉢

漬物《つけもの》

屑大根の山は、さっそく漬物《つけもの》作務《ざむ》をしていろいろに用いわけ、一葉といえど粗末にせぬ。ていねいに洗って刻み、四斗樽いっぱいに漬け込んだ浅漬けは、まず、臘八《ろうはつ》の寒夜、一杯の甘酒に添えられてお目みえする。その味のすばらしさ。粗悪な材料で、塩、糖などは極度に節約しながら、みごとな風味を引きだす〝沢庵漬け〟の特技は、元祖沢庵和尚以来、禅坊主のお家芸とされる。すべて、大慈悲の心づかいで、ものの生命を最大限に生かそうとした古人の工夫に他ならぬ。

現在、「禅文化」と称してわれわれが恩恵を蒙る禅僧の生活の知恵は、食生活だけを見ても数知れない。たとえば、固い大豆が工夫され、納豆、豆腐、湯葉、味噌など種々の柔らかい蛋白源ができた。それらは茶道とあいまって菓子の類となり、普茶料理にも使われ、油、海藻、山菜とともに無尽蔵に精進料理化された。今、僧堂で雲水たちは、日々の作務修行を通して古人のこの物を生かす心を学び、貴重な伝統を巧みに身につけてゆく。

漬物

臘八《ろうはつ》

いのちとり大接心

十二月一日から一週間の臘八大接心《ろうはつおおぜっしん》は、昔から〝雲水の生命取り〟とまでいわれ、どの僧堂でももっとも重要視される大行事だ。釈尊が六年苦行ののち、菩提樹下に端坐中、明けの明星を見て大悟し、正覚《しょうがく》を成じて仏になられた故事を記念したものだが、雲水がこれほど激しく自己と戦う時はまずないであろう。

一日早朝の開静《かいじょう》より、八日明け方の鶏鳴喚鐘《けいめいかんしょう》までの一週間が一晩と見なされ、この間は開枕《かいちん》の鳴らしものは響かない。托鉢《たくはつ》、作務《さむ》からは解放され、給食の事情が良くなるとはいうものの、食事時を除いてあとはぶっとおしの坐り続け。午前零時半から三時ごろまでの間にわずかに坐睡ができようか。病気、肉親不幸にも帰省はできず、日に五、六度もの独参《どくさん》と御案内《ごあんない》で手荒く痛めつけられる峻烈な修行は、まさしく雲水殺し。されば、一週間後の鶏鳴を迎え、霜柱の堂外に暁天を焦がす「爆竹」の歓喜は、ちょっと筆にはつくしがたい。

臘八

冬夜《とうや》

無礼講

十二月中旬の前晩といえば、僧堂の雲水たちにとってはこれはまったく破天荒の一日である。一年にたった一度きりの許された無礼講だ。臘八《ろうはつ》がすめば、古参《こさん》連中はさっそくこの日のための計画や募財にとりかかり、あれこれと準備をととのえる。いよいよ待ちに待った夕べの開板《かいはん》ともなれば、会場の、趣向を凝らしてしつらえた常住《じょうじゅう》の板広間に全員が寄り集まり、韋駄天《いだてん》さまを目隠ししておいて、長い夜を徹して騒ぎ明かすわけ。「新到三年白歯を見せず」というのが日々の姿なのに、この夜ばかりは厳禁の薬水（酒）や煙草が許され、単の上下や新旧の秩序はことごとく吹き飛ばし、喜びも悲しみも、恨みも怒りもこの一夜にぶちまけて、飲みかつ歌い続けるのである。古参も新到も、誰も彼も、まるで圧縮ボンベからはじき出された米菓子のように、とんでもない恰好になり変わって、異様な形と持ち味をさらけ出す。厳格この上もない僧堂規則からはまったく解放された「一陽来復」の、すさまじくもほほえましい光景が展開する一夜だ。

冬夜

正月支度《しょうがつじたく》

年の瀬が近づくとともに街は活気を増してゆくが、暖気はなく、日暮れの早い僧堂は、いっこうに寂静として寒々しい。環境が変わり気分も一新されるケジメは、ここではやはり、年末年始よりも安居《あんご》の境目であろう。

しかし、毎日の作務には集米手繰《てぐり》や般若札の新調など、新しい年の支度が加わる。そして、二十八日、二十九日ごろにもなれば、歳旦祝聖《さいたんしゅくしん》行事の準備で常住《じょうじゅう》は文字どおり目をまわす。まず餅つきがある。たくさんの餅米が寒水で洗われ、セイロやキネが蔵から出る。堂内衆が水を満たした土間の大釜は前晩から焚き続ける。全員午前一時開静《かいじょう》。おびただしい数のお飾りや祝餅が、二つの臼を囲んで若者たちの手で威勢よくつきあげられてゆく。餅つきは昼前に終わり、後は恒例の煤払《すすはら》い。副随寮《ふずいりょう》は三元展待《さんげんてんたい》(おせち料理)貼案《てんあん》に忙殺され、殿司寮《でんすりょう》は山へ若松取り、典座《てんぞ》は〝おけら詣り〟。新到《しんとう》にも一様にお飾りが配られて除夜の鐘を聞くばかりになると、やはり行く年を送る感慨がいやが上にも深まり来る。

正月支度

修正会《しゅしょうえ》

大般若《だいはんにゃ》

新春の瑞気が立ちこめた本坊法堂に響く裂帛《れっぱく》の音声《おんじょう》。これは今、修正《しゅしょう》祈祷の大般若転読の真っ最中のところ。本尊真前に並べられた円座に坐を組み、配分された六百巻の幾巻かを各自に受け持った一山の老僧、若和尚、雲水たちは、大音声に、「大般若波羅蜜多経巻第〇〇大唐三蔵法師玄奘奉詔訳！」と叫んでは繰り、「降伏一切大魔最勝成就！」と叫んでは繰り終わって、つぎつぎと経巻の黄色の弧を空中に翔けめぐらす。まったく心魂のほとばしる熾烈《しれつ》な祈りの情景。

修正会《しゅしょうえ》は前年のいろいろな過ちを懺悔修正する法要というが、不完全な自己を反省懺悔するところに、求道心も起こり祈願も生まれる。正月三日間の修正会に〝一切皆空〟の悟りを説いた『大般若』経を転読することは、単なる現世利益を念ずるだけでない。すべての人が行ないを修めるに慶びあれ、道に進むに障りなかれ、菩提心に怠りなかれ、と心のたたずまいを正しく修めることで、他に願う外的助力より、わが憤志、願望の現われを眼目にすべきだ。

大般若

元旦《かんたん》

随意坐《ずいざ》

自由時間

除夜の鐘がやんでほどなく、僧堂からはすでに年の始めを告げる暁鐘《ぎょうしょう》が鳴り出した。開静《かいじょう》二時半。元旦の黎明にはまだ遠い。身を切る清冽《せいれつ》な大気の中で、歳旦最初の行事が始まる。柝木《たく》の合図で真威儀出頭《しんいぎしゅっとう》をし、隠寮《いんりょう》の上間に安置された初祖達磨像に賀扇《がせん》を献納して三拝を行ない、その場で一同は梅湯《ばいとう》の祝礼。続いて法鼓《ほっく》合図に祝聖《しゅくしん》朝課、諸堂諷経《ふぎん》。これを終えると、いよいよ屠蘇《とそ》と雑煮餅の飯台座《はんだいざ》に着き、新春の気分まさに充分となる。八時ごろには本坊法堂で聖寿万安《しんじゅばんなん》、興禅護国を祝祷。

これら迎春行事の清新な厳粛さもさりながら、雲水たちがこの三日間、三元展待《さんげんてんたい》や三元除策《さんげんじょさく》で満喫する正月気分は、日々の生活が厳しいだけにまたとない息ぬき。誰も彼も腹いっぱいに食い、存分に眠り、子供の純真さに戻って騒ぐ。どこからか持ちこんだ碁盤を囲み、天下御免の餅焼きに夢中になり、そうして二日の初喚鐘《かんしょう》で鈴を振られ、初風呂につかり、〝親爺さん〟からお年玉に墨蹟をもらって、僧堂ならではの新春を謳歌する。

隨意坐

交代支度《こうたいじたく》

夏休みに入った学童が、木立の蝉をねらって境内に闖入《ちんにゅう》してくるのを見れば、制間《せいかん》に入って帰省の許される日を待ちわびるのが雲水たち。雨安居《うあんご》が終わると「交代《こうたい》」を境に僧堂の人事は一変し、知客寮《しかりょう》はじめ常住《じょうじゅう》員の顔振れは変わり、暫暇《ざんか》（帰省）する者で堂内《どうない》はにわかに人少なになる。また幾人かの新到《しんとう》の到来があるかも知れない。この交代に備えて万端の整理を果たし円滑に引き継ぎができるよう、「交代支度《こうたいじたく》」の一日がある。

しかし、連日の作務《さむ》と綿密な各自の細行で、このころに残された仕事はほとんどない。漬物小屋や蔵の整理、什器《じゅうき》の補修手入れ、さらに肥汲《こえく》み、折水桶《せっすいおけ》の処理までとっくにすんだ。この日、堂内衆は、袱子庫《ふくすこ》、蒲団棚《ふとんだな》、単箱《たんばこ》の隅々までを一塵も見出だせぬまでにして、徹底的な雲水坊主の清掃整頓癖を発揮する。常住では、典座《てんぞ》が後任の者へ黙々と薪割木を積み上げ、殿司《でんす》はおびただしい仏具類を残さず磨き上げて、「たつ鳥跡《あと》を濁さぬ」どころか、あらゆる面に親切な心づかいの跡を残してゆく。

交代支度

交代《こうたい》

人事移動

講了《こうりょう》の一夜が明けて二月二日、雪安居解制《せつあんごかいせい》の当日。粥後早々、柝木《たく》三声の合図で諸役位《やくい》が交代する。前夜の解制総茶礼《かいせいそうざれい》で新役の顔振れはすでに発表ずみだ。新しく寮舎に入る者、堂内に帰る者、引っ越し、引き継ぎにひとしきり交代騒ぎを演じ、そのあとは隠寮《いんりょう》で新旧両役の茶礼《されい》である。もっとも引っ越し荷物といったところで、雲水はごくわずかの身のまわり品と袱子行李《ふくすごうり》がすべて。人間の所有欲を制する建前から、もともと彼等の持ち物は極端に制限されているのだ。

新メンバーによって来夏《らいげ》の半年がまた円滑に維持されてゆくだろう。堂内衆は修行三昧に打ちこめばよいが、常住員は自分の修行はもちろん、日常万端事を受け持って、団体生活に支障のないよう勤めなくてはならぬ。自己に優先して道友のためにつくそうというのは、やはり久参《きゅうさん》の者である。新到《しんとう》には、まだ重要なポストを与えられる力量はないが、やがて追い追いと寮舎に入り、古参連の指導を受けることになろう。

交代

暫暇《ざんか》

帰省

郷里で遠諱《おんき》法要が営まれるので、師匠の要請で知客寮《しかりょう》から暫暇《ざんか》の許可をもらい、制間《せいかん》を利用して帰省した。ひさかたぶりに顔を合わせた悪友連中のなつかしい態度は変わらぬが、禅坊主としてのわが貫録は、一年前の出発時とは見違えるばかりという。

しかし、恰好こそやや禅僧の体をなしてきたものの、修行の道程は実にはるかだ。わが修行に旅立った目的は、まず自分が禅を体得してものにせねば誰も救えぬと考えたからだった。自身の安心や救いのためでなく、人びとを指導する必要からの自分づくり、自信づくりが目的だった。公《こう》案《あん》から空の真理を把握し、それが実際生活のすべての面で実証され、生かされ得る自信ができた時、いちおう禅堂に別れられよう。でも、公案の工夫《くふう》には長年月を要し、飽参《ほうさん》の卒業者は極めて少ない。せめてその理想になるべく近いものを、確乎と会得するまでは、再び帰錫《きしゃく》して師の厳しい鉗鎚《けんつい》を受けねばならない。

暫暇

涅槃会《ねはんえ》

賓接《ひんせつ》

東福寺の涅槃会《ねはんえ》といえば、画僧兆殿司《ちょうでんす》の「大涅槃像」がかかるので有名だ。たまたま郷里の檀家連が拝観に本山詣でをすると、知客寮《しかりょう》の許しを得てガイドする羽目にもなる。雲水の款接《かんせつ》（接客）はすべて鄭重、親切が信条とされるが、田舎衆を相手に禅文化大小遺産の真髄を納得させるのは気骨の折れることだ。

七百二十余年の歴史を持つ東福寺は〝伽藍面《がらんづら》〟といわれた。中でも最古最大の山門をはじめ、〝千人道場〟の国宝禅堂、珍しい重要文化財の東司《とうす》と浴室、古い遺構の鐘楼、経蔵、常楽庵（開山堂）などが昔の偉容を伝えている。特に大禅堂は、明和、安永のころ、八百人、千七百人の結制《けっせい》が行なわれたといい、往時の盛んな禅風を偲ぶに充分だ。

さる昭和四十一年秋、臨済禅師千百年忌を記念に、臨黄合同の報恩大接心会がこの禅堂に結集《けつじゅう》された。その数六百。大禅堂ははじめてその真価を発揮して生き返り、宗祖の生命の脈々とつきぬことが証明された。

［編集注］平成二十八年三月の臨済禅師一千百五十年・白隠禅師二百五十年遠諱報恩大接心も、この東福寺禅堂にて行なわれる。

賓接

放行《ほうぎょう》

脱線行

「悪はするな、善を行なえ」の仏の教えをよそに、雲水にかような〝夜行《やこう》〟がある。「不飲酒戒《ふおんじゅかい》」が禅宗の戒律なのにお師家さんは愛飲家だ。世間的倫理道徳から申せばまったく言語道断な話。しかし、この世間的道徳にはいかに偽善的行動が多いことか。偽善を禅ではもっとも排斥する。禅者は善行悪行を行なっても煩悩のタネを残さず、その行動は常に良心的、生臭坊主の放行《ほうぎょう》のようでも必ず把住《はじゅう》がある。好きな酒なら慚愧懺悔《ざんきさんげ》の心を失わずたしなむ。

禅ではよく、右といえば左、有るかと問えば無しと答えて相手の思想を正反対の表現で打ち砕くが、世間の人は錯覚して、豪放磊落《ごうほうらいらく》な、円転滑脱《えんてんかつだつ》な、人を煙に巻くような屁理屈家を禅者と思いがちだ。禅旨を真に実生活に溶けこませている者は、戒律に束縛されず、自由自在の人間性を発揮し、しかもそれでいて自然と法に適って少しも矛盾なく、接する人びとに何となく明るく暖かく感じさせる。

これが禅修行のできたといわれる人間像だ。

放行

臨済禅における公案禅の特色

永源寺派管長　道前慈明

同じ禅宗でも、我が臨済宗と曹洞宗の修行には大きな違いがあります。達磨大師より六代目の祖師である六祖慧能《えのう》から、青原行思《せいげんぎょうし》と南嶽懐譲《なんがくえじょう》の二大神足が出られました。曹洞宗は青原派に属し、臨済宗は南嶽派に属します。

南嶽懐譲が六祖慧能に参じたとき、六祖より「什麼物《なにもの》が恁麼《いんも》に来たる（何ものがこのように参じ来たのか）」と問われて、悶々悩んで八年目に「説似一物《せつじいちもつ》、即不中《そくふちゅう》（何かこれといって説明しようとすれば、はや中《あ》たらない）」と悟ったといいます。

対して青原行思は六祖に初対面の時に、自らが六祖に「はた何の所務か階級に落ちざる（一体どのようなことを為《な》すならば、悟りの位とか相対的な階級とかに落ちませんか）」と問答を仕掛けます。六祖より「これまでお前さんは何を為して来たか」と逆に問われて、「聖諦《しょうたい》も亦た為さず、何の階級に落ちる有らんや（世俗の営みのみならず、仏祖に適《かな》った営みも為していませんから、如何なる相対的な位階にも落ちるということが有りません）」と答え、初めより無師独悟の大《だい》人《にん》の風格を示しています。

大雑把ないい方をすれば、曹洞宗では初めから悟っている大人が、威儀即仏法《いぎそくぶっぽう》と本具《ほんぐ》の仏性《ぶっしょう》を確かめあっていく家風とすれば、臨済宗では凡夫が悶々悩んでお悟りに到るという家風とでもいえるかもしれません。

悩み多ければ、それだけ悟りも大きいという譬えでは無いですが、臨済系は公案を通して参禅者をギュウギュウ絞り上げます。唐時代は曹洞臨済もそんなに大差がなかったのですが、宋代になって、臨済下に黄龍慧南《おうりょうえなん》が出て、公案を用いて参禅者を導き、臨済禅に一大転機が訪れます。特に楊岐方会《ようぎほうえ》派下に、『碧巌録』を著した圜悟克勤《えんごこくごん》、大慧《だいえ》宗杲《そうこう》が出て公案禅は大きく開花します。大慧は参禅者に「狗子無仏性《くすむぶっしょう》」の公案、「趙州因《ちな》みに僧問う、狗子に還《かえ》って仏性有りや也《ま》た無《いな》や。州曰く無《む》（趙州和尚にある時僧が訊ねた、犬ころにも一体仏性があるのでしょうか。州いわく無）」を与えて指導したといいます。永源寺開山の寂室元光《じゃくしつげんこう》も、よく大慧の指導の仕方を活用しておられます。

そもそも仏教初期時代、鳩摩羅什《くまらじゅう》門下四哲の道生《どうしょう》により「闡提成仏《せんだいじょうぶつ》（善根を具せざる者、仏性無き者の成仏）」が唱えられ、以降、「一切衆生悉有仏性《いっさいしゅじょうしつうぶっしょう》（一切の衆生には皆な悉く仏性が有る）」が仏法の大前提となります。「狗子無仏性」の公案は参禅者を大いに疑いの塊に陥れたことでしょう。疑いの塊を疑団といいますが、公案禅に於いては大疑団に入ることが大切な要素です。

ところで、本邦に中国より最初に入ってきた臨済宗の禅は、京都建仁寺を開かれた明菴栄西《みんなんようさい》が齎《もたら》した黄龍派の禅です。次に来日した蘭渓道隆《らんけいどうりゅう》が鎌倉建長寺を開き、楊岐派の禅を伝えました。東福寺を開いた円爾《えんに》……等々二十四流の禅宗が入ってくる中で、特に楊岐派の流れを汲む虚堂智愚《きどうちぐ》の法を嗣いだ大応《だいおう》国師（南浦紹明《なんぽじょうみょう》）、ついでその法を嗣がれた大灯《だいとう》国師（宗峰妙超《しゅうほうみょうちょう》）が大徳寺を開きます。またその法嗣《はっす》の無相《むそう》大師（関山慧玄《かんざんえげん》）が妙心寺を開きます。この系統を応灯関といいます。

関山の系統より室町後期、雪江宗深《せっこうそうしん》が出て、妙心寺四派を生みます。聖沢《しょうたく》派を開いた東陽英朝《とうようえいちょう》より愚堂東寔《ぐどうとうしょく》、白隠《はくいん》慧鶴《えかく》が出て主流をなし、また同じ派から不生禅の盤珪永琢《ばんけいようたく》が出ます。霊雲派を開いた特芳禅傑《とくほうぜんけつ》より古月禅材《こげつぜんざい》、仙厓《せんがい》義《ぎ》梵《ぼん》の錚々《そうそう》たる禅僧を出し、一翼を担います。

結局、江戸中期に日向の古月、駿河の白隠が出て、臨済宗の流れはこの二大巨匠に集約します。永源寺開山・寂室の家風でもある枯禅を代表するのが古月ですが、白隠は枯禅を立ち枯れ禅だとして徹底的に否定します。古月の弟子達は東嶺圓慈《とうれいえんじ》を初め多くが白隠禅に吸収され、結果的に今日では白隠一派のみが残る形となりました。

では、白隠禅の他と異なる特色とは如何なる点にあったかといえば、悟後の修行、初めての悟りの後の修行を重視したことではないでしょうか。白隠以前の公案体系では精々「理致《りち》」「機関《きかん》」「向上《こうじょう》」という三段階の分類に留まっていたのが、白隠禅では①「法身《ほっしん》」②「機関」③「言詮《ごんせん》」④「難透《なんとう》」⑤「向上」⑥「洞山五位《とうざんごい》」⑦「十重禁戒《じゅうじゅうきんかい》」⑧「末後《まつご》の牢関《ろうかん》」という八段階に細分化され、綿密の工夫を要しました。詳しくいえば、

①「法身《ほっしん》」とは「初関」とも表現され、分別概念を棄て、直観的な智慧を得ること。それには「禅定」による公案と一体化した三昧になることと、その状態に対する自覚の段階です。最初の段階を「打成一片《だじょういっぺん》」、第二段階を「驀然打発《まくねんたはっ》」といいます。第二段階では、自分の心の本性を認識するので「見性《けんしょう》」ともいい、「趙州無字《じょうしゅうむじ》」、「隻手音声《せきしゅのおんじょう》」、「不思善悪《ふしぜんあく》」、「庭前柏樹《ていぜんのはくじゅ》」等の公案に相当します。

②「機関《きかん》」とは、「無」の悟りを日常生活の中で働かせる「悟後」の修行の段階です。たとえ坐禅瞑想中に悟りを得たとしても、立ち上がったとたんに忘れては意味が無い。日常の中で生活しながら、こだわりをなくすことが大切です。一般に、「法身」の悟りは、一瞬で到達するので「頓悟《とんご》」ともいわれますが、しかしそれを日常の中で身につけることが大切で、それには時間がかかるので「漸悟《ぜんご》」といわれます。「機関」の段階では、働くこと、作用を重視します。「水上行話《すいじょうこうわ》」、「南泉斬猫《なんせんざんみょう》」、「趙州洗鉢《じょうしゅうせんぱつ》」等の公案が相当します。

③「言詮《ごんせん》」とは、法身の悟りは言葉を超え表現できないものですが、それを言葉で自由自在に表現できるようにする

こと。利他的な目的、菩薩道のための修行です。「州勘庵《しゅうかんあん》主《じゅ》」、「雲門屎橛《うんもんしけつ》」、「洞山三斤《とうざんさんぎん》」、「日日是好日《にちにちこれこうじつ》」等の公案が当たります。

④「難透《なんとう》」とは到達し難い境涯と表現され、具体的にどのようなものとは示されませんが、日常で意識せず自然に執着なく行動できるようにする修行です。「牛過窓櫺《ぎゅうかそうれい》」、「倩《せん》女離魂《じょりこん》」、「婆子焼庵《ばししょうあん》」等の公案に当たります。

⑤「向上《こうじょう》」とは、「悟り臭さ、禅臭《ぜんしゅう》を抜く」とも表現され、悟りや仏に捕らわれないようにする段階。「向上」には二段階を考えることができ、「仏向上」あるいは「法身向上」と呼ばれる段階と、「自己向上」と呼ばれる段階です。「仏向上」は「仏」や「法身」にこだわらないということで、日常とかけ離れて観念化してしまわないようにする修行。「自己向上」は、「仏」へのこだわりをなくすあまり、逆に日常にこだわってしまい、ただの凡夫と同じようになってしまわないようにする修行。「白雲未在《はくうんみざい》」、「徳山托鉢《とくざんたくはつ》」、「暮雲之頌《ぼうんのじゅ》」等の公案が相当します。

⑥「洞山五位《とうざんごい》」とは公案を階梯的に整理して自由に使えるようにする修行。

⑦「十重禁戒《じゅうじゅうきんかい》」とは戒律を禅の立場から究めます。

⑧「末後《まつご》の牢関《ろうかん》」とは特定の公案があるわけではなく、修行者に宗旨の最後を尽くさせるという意味のもの。「臨済《りんざい》一句白状底《いっくはくじょうてい》」の公案が相当。

白隠禅の特色は綿密詳細な公案体系を創始した点にありますが、しかし「無字」の公案よりも更に疑団に入りやすいという「隻手音声」の公案〝片手の声を聞いてこい〟という日本独自の公案を以て教化された点です。そして白隠門下の峨山《がさん》慈棹《じとう》のもとに隠山《いんざん》惟琰《いえん》と卓洲《たくじゅう》胡僊《こせん》の二大神足が出ます。我われ永源僧堂、建仁僧堂、建長僧堂等は卓洲系に属し、最初、「無字」の公案より入りますが、大徳僧堂、妙心僧堂等の隠山系は「隻手」の公案より始まるといいます。しかし全ての公案の調べが了《おわ》った後、最後に卓洲系は「隻手」で締めくくりますし、また隠山系は「無字」で締めくくります。

最後に哲学者で禅者であった久松真一先生が全ての公案の基本にあるものという意味で、「基本的公案」なるものを創出されました。「立ってもいけない、坐ってもいけない、黙ってもいけない、喋ってもいけない。何をしてもいけない時、あなたはどうしますか」。

用語解説

【あ行】

挨拶《あいさつ》
挨は「迫る」、拶は「切りこむ」こと。師匠と弟子との問答のやりとりのこと。今では日常語にもなっている。

網代笠《あじろがさ》
行脚《あんぎゃ》や托鉢《たくはつ》のときに用いる。

阿羅漢《あらかん》
羅漢は略称。一切の煩悩を断滅し、なすべきことを完成した人。

行脚《あんぎゃ》
広く諸方に師匠を求めて旅をすること。

安居《あんご》
釈尊の時代に、雨季の期間は無益の殺生を避けるために、一ヶ所に止住して修行したことを安居という。現在の僧堂では、年中「安居」であるから、夏に限らず一年を二期に分け、二月から七月までを雨安居《うあんご》、八月から一月までを雪安居《せつあんご》という。

安単《あんたん》
自分の坐禅する場所（↓単《たん》）に着座すること。

行履《あんり》
祖師の行動行状のこと。

行録《あんろく》
祖師の行状をしるした記録。

石盥《いしだらい》
洗面、手洗いのための用水入れ。豆柄杓《まめびしゃく》に一杯の水で口をすすぎ、顔を洗わねばならないことになっている。

韋駄天《いだてん》　伽藍《がらん》、食物の守り神とされ、庫裡《くり》に祀《まつ》られている。いわば常住の守り神。

一夏《いちげ》　僧堂での修行生活は半年が一単位となっており、これを一夏という。

一箇半箇《いっこはんこ》　「一人でも半人でも」との意。きわめて少数のこと。

一炷《いっしゅ》　炷というのはもともと線香などを数える数詞に添える語で、香の一くゆりという程の意。現在では線香一本の燃えつきる時間、約四十分間を一炷という。「いっちゅう」とも読む。

維那《いのう》　法要のとき、誦経《ずきょう》の先導や回向《えこう》文を諷誦《ふじゅ》する係。

印可《いんか》　印信許可。師が弟子に法を授けて、弟子が法を得て悟りを開いたことを証明認可すること。

引磐《いんきん》　直日《じきじつ》が大衆《だいしゅ》の行動を指示するのに用いる「鳴らしもの」の一つ。柄のついた小磬《しょうけい》。

隠侍《いんじ》

陰徳《いんとく》　師家に直接つかえ日常の世話をする侍者。＝三応《さんのう》陰事行《いんじぎょう》ともいう。人知れず大衆のためになることをして、徳を積み心力をたくわえること。

隠寮《いんりょう》

師家または長老の居所。

雨安居《うあんご》

↓安居《あんご》

烏樞沙摩明王《うすさまみんのう》

不浄を転じて清浄にする徳をもつ神といわれ、東司《とうす》（便所）の護り神として祀られる。

うどん供養《くよう》

うどんをふるまうこと。食事のときは一切音をたててはならないが、うどんをすする音だけは例外的に許容される。

雲水《うんすい》

修行僧のこと。行雲流水のように淡々として一処に止住《しじゅう》せず、天下に正師を求めて、遍歴することからいう。雲《うん》衲《のう》ともいう。数量的に大衆《だいしゅ》ともいう。

雲衲《うんのう》

雲水。衲は衣とか、繕うの意。すなわち、破れ衣をつくろって着ている修行僧のこと。

雲版《うんぱん》

もともとは寺などで用いる楽器の名。雲の形に鋳付けた青銅板で、庫裡《くり》にあって、僧に食事を報ずる鳴らしもの。薬石（夕食）には、雲版の代わりに大柝木《おおたく》をもって報ずる。

会下《えか》

一人の師家のもとに教えを求めて集まった修行者の総称。

すでに僧堂を巣立った人たちも含めていう。会中、門下とも。

回向《えこう》

廻転趣向《かいてんしゅこう》の略。善根功徳《ぜんごんくどく》を行なって衆生に施すこと。一般には法要、誦経《ずきょう》などをして亡者を仏道に入らせることをいう。

衣鉢《えはつ》

修行者が常に所持している三衣（袈裟）一鉢（食器）のことで、僧の持ち物の中で最も重要なもの。転じて宗旨、奥義のことをいう。また、伝法のしるしに師の袈裟と鉄鉢を弟子に授けたことから、法を伝えることを「衣鉢を伝える」という。

園頭《えんず》

菜園を管理する係。

延寿堂《えんじゅどう》

延寿寮とも。病に伏す修行者が療養するところ。＝病僧寮

円成《えんじょう》

円満に成就すること。十二分に成果をあげて終わること。

遠鉢《えんぱつ》

遠方まで托鉢に出かけること。

大四九《おおしく》

十四日と晦日のこと。この日は朝日の射すまで寝忘れ（朝寝）ができ、剃髪《ていはつ》後、半日がかりで大掃除をする。午後は私用外出することもできる。

【か行】

開講《かいこう》
講座を開くこと。

開静《かいじょう》
起床。開定とも書くが、正しくは開静。

解制《かいせい》
安居《あんご》の制を解くこと。

開枕《かいちん》
開被《かいひ》安枕《あんちん》の略。解定《かいちん》とも。被はふとんのことで、ふとんを開いて枕を安んずるの意。臥具《がぐ》をのべ就寝すること。

開板《かいはん》
夜明け、日没に板を打って、消灯、点灯の時間を告げること。障子に映る手の影が肉眼で見える見えないが目安とされる。→板《はん》

開浴《かいよく》
浴室を開いて入浴すること。原則として四九日《しくにち》にある。

掛錫《かしゃく》
行脚の雲水が僧堂に入ることを許され、錫杖《しゃくじょう》（つえ）を壁の鈎《かぎ》に掛けること。つまり、雲水が僧堂に入門すること。
＝掛搭《かとう》

加担《かたん》
本山などで開山忌などが行なわれるとき、役配を受け手伝うこと。また一般に手伝うの意。荷担とも書く。＝加役《かやく》

活作略《かっさりゃく》
作略は師家が弟子を導くために用いる方法、手段のこと。

いきいきとした適切な手段。

掛搭《かとう》　搭は搭鉤《とうく》、すなわち、ものを釣る鉤《かぎ》のこと。初めて叢林《そうりん》に入る者が、衣鉢袋を僧堂の単の鉤に掛けたことから始まり、修行僧が一定の寺に止住《しじゅう》することをいう。＝掛錫

家風《かふう》　家のならわし。その家で世々相伝している風習、あるいは雰囲気のこと。転じて禅宗では指導者が修行者に対してとるおのおの独自の指導法。家風が歴史的な用法であるのに対して、境界《きょうがい》はより心理的な意味を含み主観的な心の状態をさす。

加役《かやく》　手伝うこと。＝加担《かたん》

看経《かんきん》　経を黙読する、または経を低声で読誦すること。

雁行《がんこう》　雁が空を飛ぶときのように整然と列をなして歩くこと。雲水が托鉢に出向くときなどにこのような列をなす。

喚鐘《かんしょう》　独参のときに参禅者を一人一人呼ぶために鳴らす鐘。通常は朝晩の二回鳴らされる。参禅者は順番を待ち、老師の室に入る前に喚鐘を二つ叩いてから入る。

閑栖《かんせい》　隠居した禅僧のこと。

款接《かんせつ》

本山行事のときに、信者や参拝客を接待したり、給仕したりする係。

看頭《かんとう》

食事の時の監督役。看頭の鳴らしものの合図で、飯台看《はんだいかん》（給仕役）も大衆もいっさいの動作をすすめる。

看話禅《かんなぜん》

師から与えられた公案を参究工夫して大悟に至ろうとする修行方法。総じて臨済宗の修行法。＝公案禅

看板袋《かんばんぶくろ》

僧堂名を染め抜いた頭陀袋《ずだぶくろ》のこと。↓頭陀袋

勘弁《かんべん》

禅僧が修行者の力量、素質を試験すること。

帰院《きいん》

僧院に戻ること。＝帰山

亀鑑《きかん》

修行の手本、模範となることが書かれている祖録のこと。

規矩《きく》

規則のこと。

喜捨《きしゃ》

施すこと。浄財を喜んで施すこと。捨には報いを求めないという意がこめられている。

起単留錫《きたんりゅうしゃく》

起単は僧堂から転出すること。留錫は僧堂に残留すること。一夏《いちげ》が終わると雲水は役位の前に呼びだされ、起単か留錫かを問われる。その際にその間の〝勤務評定〟を

されたりする。

疑団《ぎだん》
修行中に起こる宗教上の疑問。

久参《きゅうさん》
長い間修行している人。⇕新参《しんざん》、新到《しんとう》

旧随《きゅうずい》
すでに僧堂を出た僧で、現役中に評席をしていた者をいう。

饗応《きょうおう》
檀信徒から馳走をふるまわれること。

境界《きょうがい》
修行して到達した心の状態。境涯とも。

行住坐臥《ぎょうじゅうざが》
行住坐臥を四威儀《しいぎ》というが、日常の立ち居振る舞いすべてのこと。「立っても坐っても」「いつも」の意。

暁鐘《ぎょうしょう》
明け方を知らせる鐘。

行道《ぎょうどう》
誦経しながら堂内を巡ること。

経行《きんひん》
坐禅のとき、睡気を防ぎ、足の疲れを休めるために行なう歩行運動。禅堂の周囲などを巡って歩く。

供給《くきゅう》
食堂において給仕をすること。

工夫《くふう》
修行に精進し、公案を究弁すること。

庫裡《くり》
台所のこと。

偈《げ》
→偈頌《げじゅ》

警策《けいさく》
警覚策励《きょうかくさくれい》するための棒。

袈裟文庫《けさぶんこ》
雲水が行脚中に携行する荷物入れ。中には袈裟を入れ、その前に、持鉢、経本、カミソリを包んだ風呂敷づつみをゆわえつける。

偈頌《げじゅ》
偈ともいう。漢詩の形体をとった法語のこと。

結跏趺坐《けっかふざ》
結跏ともいう。坐禅のときの坐りかたの一つ。左右の趺（足の甲）を反対側の腿の上に交結して坐ること（片足のみを腿に安んずることを半跏趺坐《はんかふざ》という）。→半跏趺坐

結制《けっせい》
安居の制を結成すること。→安居《あんご》　⇕解制《かいせい》

玄関《げんかん》
言妙なる（仏）道に入る関門。転じて公案、禅門に入ることをもいう。

見解《けんげ》
修行者が師家の室内で呈する自己の悟境の表現。公案への見方、解答でもある。簡潔な言葉や動作で示される。理論にわたらぬことが大切である。見処ともいう。

見性《けんしょう》

自性（自己の本心）を徹見すること。自己の生死《しょうじ》の問題、または祖師の公案を契機として頓悟《とんご》すること。開悟《かいご》ともいう。

現成《げんじょう》

眼前にあらわれている、すべての存在のありのままのすがた。あらわれること。

検単《けんたん》

師家または直日《じきじつ》が堂内を一巡して、坐禅の様子を点検すること。

鉗鎚《けんつい》

鉗は金ばさみ。鎚は金づち。いずれも鍛冶が鍛錬に用いる道具であるが、転じて、師家が修行者を鍛錬すること。

軒鉢《けんぱつ》

一軒ずつ軒並みに托鉢をすること。→托鉢《たくはつ》

御案内《ごあんない》

大接心中などに、まだ解答を見出せない新参者を、無理矢理参禅に駆り立てる荒療治のこと。

公案《こうあん》

元来は公府の案牘《あんとく》という意、つまり国家の法令または判決文をさす。祖師の言行や機縁を選んで、天下の修行者の規範としたもので、全身心をあげて究明すべき問題のこと。修行の正邪を鑑別する規準でもある。公案中の緊要の一句を特に話頭《わとう》ともいう。

更衣《こうえ》

衣がえのこと。六月一日（あるいは五月十五日）には夏用の麻衣《あさごろも》、十一月一日（あるいは達磨忌〈十月五日〉や十月十五日）には冬用の木綿衣《もめんごろも》に衣がえする。

江湖《ごうこ》
江は揚子江、湖は洞庭湖をさすことから、全世界、全国をいう。転じて各地から来集した多数の雲水。

講座《こうざ》
師家が語録、公案などを説くこと。提唱ともいう。

交代《こうたい》
役位の交代をすること。安居ごとに役位がふりあてられる。

高単《こうたん》
単の順位が高いこと。禅堂では掛搭した順に単（坐る場所）が与えられるので、すなわち古参の修行者の意となる。
↓中単《なかたん》、末単《ばったん》

降誕会《ごうたんえ》
釈尊がお生まれになった日、四月八日に行なわれる法会《ほうえ》のこと。

香盤《こうばん》
坐禅する時間をはかるための線香を立てる香台のこと。直日がこの香盤を預かり管理するので、直日のことを香《こう》盤辺《ばんへん》という。

合米《ごうまい》
檀信徒のお宅をまわり、米を集めること。＝集米

告報《こくほう》
役位よりの通達、または訓示。

己事究明《こじきゅうめい》
本来の自分を見つめるという一大事をきわめつくす。

古則《こそく》
仏祖の言葉、行ないで修行者の手本になる法則。

五体投地《ごたいとうち》
五体、すなわち両手両足および頭を地につけて仏を礼拝すること。

乞食行《こつじきぎょう》
托鉢《たくはつ》のこと。↓托鉢

後門《ごもん》
禅堂の後入口のこと。二便往来《にべんおうらい》など個人的に出入りする場合は後門を用いる。

後門辺《ごもんへん》
侍者寮のこと。後門近くに坐るのでこのように呼ばれる。

勤行《ごんぎょう》
誦経《ずきょう》すること。

昏鐘《こんしょう》
日没を知らせる大鐘《だいしょう》。

【さ行】

菜器《さいき》
漬物を入れて供給する器。

斎座《さいざ》
昼食のこと。

坐具《ざぐ》

仏祖を礼拝するとき、これをのべて敷き、その上で五体投地の礼拝をする。平常は折りたたんで袈裟とともに身につける。

坐香《ざこう》
坐禅の時間をはかるのに用いる線香。

差定《さじょう》
諸行事の次第や配役をきめること。また、その掲示のこと。

生飯《さば》
食前に、少量の食をとって鬼界の衆生に施すこと。飯は七粒を、麺は一寸を過ぎずとし、饅頭《まんじゅう》または餅《もち》は手の爪位の大きさとする。右手の拇指と薬指とを用いて飯をとり、左掌の上で三巡して飯台の上に置いて供える。

生飯器《さばき》
飯台の上に置かれた生飯を取り集める器。

作務《さむ》
務めを作《な》すの意で、禅林における労働のことをいう。

茶礼《されい》
儀礼として茶を飲むこと。朝夕二回の茶礼は点呼の意味もあり、この時に一日の行事や作務の割り振りが通達される。役位茶礼、衆評茶礼は会議の意味ももつ。

暫暇《ざんか》
やむを得ない所用のために休みをもらうこと。通常、師親の大事以外は許可されない。二夜三日を越すものを暫《ざん》暇《か》という。→二夜三日《にやさんにち》、弁事《べんじ》

参究《さんきゅう》

参禅《さんぜん》
師の下に親しく参禅して一大事を究めること。
師家の室に入って自己の見解《けんげ》を呈すること。入室参禅《にっしつさんぜん》ともいう。＝入室《にっしつ》

参堂《さんどう》
庭詰《にわづめ》、旦過詰《たんがづめ》を済ませて僧堂に入ること。

三応《さんのう》
師家の日常一切のことを世話する係。＝隠侍《いんじ》

三応寮《さんのうりょう》
三応の詰める役寮。＝隠侍寮《いんじりょう》

三仏忌《さんぶっき》
釈尊の降誕会（お生まれになった日＝四月八日）、成道会（お悟りを開かれた日＝十二月八日）、涅槃会（亡くなられた日＝二月十五日）のこと。

三昧《ざんまい》
公案工夫が熟し、深く禅定に入って、心身一如の状態になること。

三黙堂《さんもくどう》
禅堂、食堂、浴室のこと。または、禅堂、浴室、東司《とうす》のことをいう。この三ヶ所では語話談笑することが固く誡められている。

侍衣《じえ》
衣鉢侍者《えはつじしゃ》のこと。師家の衣服、資具、金銭を司る役。転じて、一派の管長の秘書役のこと。

知客《しか》

僧堂に来る賓客《ひんきゃく》の応接にあたる役。また、僧堂全体を取り締まる役。

知客《しか》 **寮**《りょう》

知客の詰める役寮。

直日《じきじつ》

直は当と同義で、一日の幹事に当たる役を直日といい、もともとは一日交代で居舎、器具の営繕、一切の作務を掌る役の意。転じて現在では、禅堂内での坐禅の指導監督をする総取り締まりの役をいう。

直日単《じきじつたん》

直日側の単。後門から入って右側の単をいう。⇕単頭単《たんとうたん》

直指人心《じきしにんしん》 **見性成仏**《けんしょうじょうぶつ》

自己の心をまっすぐつかみ、自己の本性を徹見して悟ること。煩瑣《はんさ》な教学にとらわれないで、人間が本来持っている仏性を直ちに体得すること。

食堂《じきどう》

一般にいう食堂《しょくどう》のこと。

四九日《しくにち》

四と九のつく日。この日には剃髪をする。また開浴《かいよく》もこの日に行なわれる。

師家《しけ》

伝灯の正師に嗣法した人で、参禅者の指導の任に当たる人をいう。＝老師

侍香《じこう》

法式のときに住職に随侍して香合を持つ役。

師資相承《ししそうじょう》
師匠から弟子に法を伝えること。

侍者《じしゃ》
本来は住持の世話、補佐をする役で隠侍と同じ意に用いられる。転じて、僧堂では堂内で、聖僧《しょうそう》（文殊菩薩）のお世話、堂内茶礼《どうないざれい》の世話、また病僧の世話などをする係のことをいう。↓聖侍《しょうじ》

侍者寮《じしゃりょう》
侍者の詰める役寮。聖僧につかえる侍者のいる所。禅堂の世話役。

止静《しじょう》
坐禅のとき、大衆を寂静に止住せしめる時間。柝《たく》一声、引磬《いんきん》四声で止静に入るが、この間、身動きしてはならない。また、禅堂の出入りも一切許されない。

支度《したく》
出頭、食事などのために禅堂を出る準備をすること。このときいわゆる「支度」の合図が鳴らされる。

七堂伽藍《しちどうがらん》
仏殿、法堂《はっとう》、僧堂、庫裡《くり》、三門（山門）、浴室、東司《とうす》のこと。

室内《しつない》
師家が修行者に仏祖正伝の奥義を授ける伝法の場。

室内の事《しつないのじ》
仏法の極意、口訣《くけつ》のこと。

地取り《じどり》
制中の大接心の前に行なわれる一週間の普通接心。大接

心に入る準備の目的で行なわれる。⇕練《ね》り返《かえ》し

持鉢《じはつ》
各自の所持する食器（椀）。正しくは応量器《おうりょうき》という。五枚一組で重ね合わせて収納できるようになっている。

嗣法《しほう》
師匠から仏法をうけつぐこと。

著語《じゃくご》
禅録の本則や頌などの句に、後世の禅僧によってつけ加えられた短評、コメントのこと。

叉手当胸《しゃしゅとうきょう》
左手を外側にして左右の掌を重ね、右手をもって胸を掩うようにする。手を胸からやや離して、ひじを水平に張る。

謝労《じゃろう》
慰労のこと。

集米《しゅうまい》
檀信徒のお宅をまわり、米を集めること。＝合米《ごうまい》

汁器《じゅうき》
汁を入れて供給する器。

手巾《しゅきん》
雲水が衣の上から腰のあたりに締める綿入りの紐のこと。

宿忌《しゅくき》
半斎《はんさい》前夜に行なわれる法要。逮夜。

粥座《しゅくざ》
朝食のこと。

祝聖《しゅくしん》

毎月一日と十五日に天皇の聖寿万安を祝祷すること。

受業寺《じゅごうじ》

師について出家者としての資格を得た寺のこと。

出頭《しゅっとう》

行事・儀式などで本堂に出席すること。

衆評《しゅうひょう》

僧堂の運営などについて役位が集まって打ち合わせをすること。

守夜《しゅや》

開枕時の夜回りのこと。守夜当番が守夜神の真言を唱え、大柝木《おおたく》を叩き火の用心と戸締まり点検のために堂外を一巡する。

巡警《じゅんけい》

巡堂警省《じゅんどうけいせい》のこと。坐禅の時、居眠りまたは懈怠《けたい》（不熱心）の僧を戒めるために、警策を持って禅堂内を巡回すること。

順槌《じゅんつい》**（順つぎ）**

食事のとき、飯、汁、湯などのおかわりをつぐこと。

初関《しょかん》

一番最初に与えられる公案のこと。

小憩《しょうけい》

ひと休み。

相見《しょうけん》

師家に面接すること。

照顧脚下《しょうこきゃっか》

脚下照顧とも。足もとに気を付けよ。日常の作法を規定どおりに正しく行なえの意。

聖侍《しょうじ》
禅堂に祀《まつ》られている聖僧《しょうそう》（文殊菩薩）の世話係。また堂内大衆の世話係。＝侍者《じしゃ》

常住《じょうじゅう》
坐禅専一の禅堂（堂内）に対して、庫裡にあって応接・会計・炊事等の運営面を処理する各寮をいう。⇔堂内《どうない》

精進《しょうじん》
努め励むこと。

聖僧《しょうそう》
禅堂の中央にまつる像。通常、文殊菩薩を安置する。文殊は般若の智慧、さとりを象徴する。

上堂《じょうどう》
師家が法堂に上って修行者に説法すること。

成道会《じょうどうえ》
十二月八日、釈尊がお悟りを開かれた日に行なわれる儀式。

商量《しょうりょう》
商も量も「はかる」という意味で、協議する、くらべはかる意になる。転じて師家と修行者との間で問答応酬して人生の一大事を明らめること。

助警《じょけい》
評席を補佐する役。狭義には堂内助警、すなわち直日を補佐する役。

書見《しょけん》
書物を読むこと。

除策《じょさく》
警策の使用が免除される休日のこと。通常、三仏忌、盆正月、祝日などに除策となる。

真威儀《しんいぎ》
僧侶の正式な服装。通常、白衣、白足袋、衣、七条袈裟を着用する。＝本威儀

請益《しんえき》
師の説法のほかに、特に願い出て師から教示を請うこと。

清規《しんぎ》
清僧のための規矩《きく》の略。禅堂で衆僧が守るべき規則のこと。

嚫金《しんきん》
布施。檀信徒から施されるお金のこと。

晋山《しんざん》
新しい住持が初めて寺院に入ること。

陞座《しんぞ》
師家が高座に上って説法すること。

新到《しんとう》
新しく僧堂に入門してきた僧。新米のこと。＝新参《しんざん》 ⇕ 久参《きゅうさん》

振鈴《しんれい》
起床の時刻を知らせるのに用いる鈴。

垂誡《すいかい》
師家の訓示。

随喜《ずいき》
他人が功徳《くどく》を積むのを見て、我がことのように喜ぶこと。

転じて、賛成、助力、尽力などの意に用いる。「随喜参加する」など。

随意坐《ずいざ》
堂内で直日《じきじつ》の指導によらず、随意に坐禅すること。

随意飯《ずいはん》
看頭、飯台看を立てない略式の飯台座（食事）のこと。⇕本飯《ほんぱん》

随意浴《ずいよく》
正式な作法によらずに開浴すること。⇕本浴

頭陀袋《ずだぶくろ》
本来は頭陀行（乞食）のとき物を入れるために首から下げる袋。現在は常より外出時に携行する。

誦経《ずきょう》
看経《かんきん》ともいう。経典を唱和すること。経の内容を理解することよりも、余念をまじえず一心不乱に唱和することによって、心身一如をはかる。坐禅の助道、方便である。

制間《せいかん》
結制《けっせい》と結制との間の休みのこと。⇕制中《せいちゅう》

制中《せいちゅう》
安居《あんご》の期間をいう。今日では雨安居《うあんご》、雪安居《せつあんご》の二期になっている。この期間外を制間という。⇕制間《せいかん》

施餓鬼会《せがきえ》
悪道に堕ちて飢餓に苦しんでいる衆生や餓鬼に食物を施す法会。＝水陸会《すいりくえ》

雪安居《せつあんご》

接心《せっしん》

→安居《あんご》

摂心とも書く。心を内に摂《あつ》めて散乱させせないこと。禅宗では一定の期間中、集中的に坐禅すること。普通、僧堂では接心は七日間とする。

折水器《せっすいき》

食事の残り物、残り水を棄てる器。正しくは持鉢を洗った残りの水を棄てる器をいい、半分を飲み、半分を棄てるために折水という。

先駆《せんく》

行事その他の際に、本隊より先に出発して、調査、準備を行なう役のこと。

禅堂《ぜんどう》

坐禅、睡眠を行なう道場。狭義の僧堂と同じ意味。

洗鉢《せんぱつ》

食事が終わって鉢を洗うこと。

専門道場《せんもんどうじょう》

坐禅修行を専門に行なう場所。＝僧堂、叢林《そうりん》

総茶礼《そうざれい》

雲水が一堂に会して茶礼を行なうこと。

総参《そうさん》

接心中の参禅に独参《どくさん》と総参の二種あって、独参は見解《けんげ》があれば随意に入室《にっしつ》する。総参は見解の有無に関わらず義務的に入室せねばならない。⇕独参《どくさん》

僧堂《そうどう》

禅門における修行の根本道場のこと。＝専門道場、叢林

叢林《そうりん》

僧堂のこと。樹と樹が叢《むら》がり、相い競って天に伸びんとするように、修行者が互いに切磋琢磨するところから、かくいう。禅林ともいう。＝専門道場、僧堂

尊宿《そんしゅく》

長老、高僧。

【た行】

大根鉢《だいこんはつ》

僧堂で漬物に用いる大根を托鉢して歩くこと。

大事了畢《たいじりょうひつ》

仏法の究極を明らめ、修行を成就すること。

大衆《だいしゅ》

禅堂にとどまって修行している僧たちのこと。

柝《たく》**木**

拍子木《ひょうしぎ》のこと。大小二種あって小柝木《しょうたく》は禅堂内あるいは飯台座で用いられ、大柝木《おおたく》は禅堂外で用いられる。例えば、大柝木は、薬石の用意ができた時、開浴の時、守夜の時などに使用される。

托鉢《たくはつ》

雲水が鉢を携えて、市中に食《じき》を乞うて歩く修行。現在は鉢ではなく、看板袋を首に下げて歩く。

打坐《たざ》

坐ること。坐禅。

打出《たしゅつ》
すぐれた人物を育成して世に出すこと。

塔頭《たっちゅう》
本来は、禅院内に設けられた高僧の墓所のことをいう。のち転じて大本山などの大寺院内にある独立寺院のことを指す。

単《たん》
禅堂において各自が坐る座席のこと。単位ともいう。「坐って半畳、寝て一畳」といわれるように、畳一枚の場所が雲水の生活の場となる。

旦過詰《たんがづめ》
専門道場に入門を志願する僧は、すぐに玄関から上がることは許されず、三日間ほど、朝から晩まで大玄関の上がり口で低頭伏顔して入門を請わなければならない（庭詰《にわづめ》）。この庭詰を終わって初めて旦過寮《たんがりょう》に上がることを許されるが、ここでさらに五日間ほど、面壁坐禅して詰めなくてはならない。↓庭詰

旦過寮《たんがりょう》
旦過詰をする部屋。本来、諸方遊歴の修行者が禅院に一夜投宿する部屋のこと。夕方に到着して、翌朝（旦）に去るのでこの名がある。

単頭《たんとう》
直日単《じきじつたん》に向かう単（単頭単）の上座に坐り、指導監督にあたる役。

単頭単《たんとうたん》

直日単に対し、単頭の座のある側の単。後門より入って左側の単。⇕直日単《じきじつたん》

単票《たんぴょう》

禅堂内の自分の坐る単の上方にかけられた名札。

単蒲団《たんぶとん》

禅堂内で坐禅および夜具として用いる蒲団。柏餅のようにくるまって寝るところから「柏蒲団《かしわぶとん》」ともいう。

知殿《ちでん》

→殿司《でんす》

抽解《ちゅうかい》

元来は衣、袈裟を抽解する（解く）意。転じて現在では坐禅（止静）と坐禅の間の短時間の休息時間を指す。

朝課《ちょうか》

朝の読経、諷経《ふぎん》のこと。⇕晩課《ばんか》

頂相《ちんそう》

禅僧の上半身や全身を描いた画像。古来、これに賛、法語を書いて弟子に嗣法《しほう》の証拠として与えた。

提唱《ていしょう》

禅宗の宗匠が、修行者に向かって、祖師の語録や古則中より宗要（宗旨）を提起し唱導すること。講座と同義であるが、より専門的な用語。

提撕《ていぜい》

提も撕もともに「ひっさげる」の意。師家が修行者を指導し、誘引すること。また工夫参究するの意にも用いられる。

提灯《ていてん》
手さげあかり。ちょうちんのこと。

低頭《ていとう》
仏祖・師家に対して、頭を下げて礼拝すること。問訊《もんじん》するときには必ず低頭する。↓問訊

貼案《てんあん》
儀式法要などのとき、来客用に出す特別の献立。

天井粥《てんじょうがゆ》
朝食に出される粥のこと。時として極端に薄く、水っぽく、天井が映るところからこの名がある。目玉粥ともいう。

点心《てんじん》
簡単な食事、またはその食物のこと。食事を心胸（腹）に点ずるの意。

殿司《でんす》
仏殿のことを司る役。また、時報を司る役。僧堂では、開静《かいじょう》の振鈴《しんれい》、朝課、またその他の法式を司る。

殿司寮《でんすりょう》
殿司の詰める役寮。

典座《てんぞ》
炊事を掌る役。

典座寮《てんぞりょう》
典座の詰める役寮。

展待《てんたい》
大接心の後や、休日などに、施主が雲水に食事などを供養し、もてなすこと。

展鉢《てんぱつ》
食事のとき、布に包んだ持鉢《じはつ》をひろげること。

湯器《とうき》
お湯または茶を入れて供給する器。やかん。

同夏《どうげ》
同じ夏に入門した同寮同士のこと。

同参《どうさん》
一人の師家の下で、ともに学び修行する者同士。

役宿《とうしゅく》
行脚の僧が寺院に一夜の宿泊をすること。

東司《とうす》
厠《かわや》、便所のこと。七堂《しちどう》伽藍《がらん》の一つに数えられる。

堂内《どうない》
禅堂内のこと。また禅堂内において、専ら坐禅修行をする雲水のこと。⇕常住《じょうじゅう》

冬夜《とうや》
冬至の前夜のことで、冬至冬夜ともいう。臘八《ろうはつ》後のこの晩は、普段厳禁の薬水（酒）も許され、破天荒な「無礼講」が行なわれる慣わしである。

独参《どくさん》
公案に対する見解《けんげ》をもって単独で師家に面接すること。
→参禅《さんぜん》　⇕総参《そうさん》

得度《とくど》
出家すること。

【な行】

中単《なかたん》

修行年限の長い方から順に、高単《こうたん》、中単、末単《ばったん》という。

→高単、末単

鳴《な》らしもの

僧堂での行動の一切は、殿鐘《でんしょう》、法鼓《ほっく》、引磬《いんきん》、板《はん》、柝《たく》木、振鈴《しんれい》などの音に随って行なわれる。それらの器具の総称。

入室《にっしつ》

修行者たちが一人ずつ師家の室に入り、師の指導鍛練をうけること。＝入室参禅

日単《にったん》

もと副司寮《ふうすりょう》が毎日の収支を点検、決算して住持に呈することをいう。転じて毎日の記録（日記）をつけることをいう。一日一度の収支決算を日単ともいった。

日天掃除《にってんそうじ》

毎日行なわれる寺院内外の清掃のこと。

二番座《にばんざ》

食事のとき、雲水衆のための供給などで食事できなかった者が、全員終了後にとる食事のこと。

二便往来《にべんおうらい》

二便（大小便）のために禅堂を出ること。抽解《ちゅうかい》中に許される。

二夜三日《にやさんにち》

新旧役寮の交代が終わって、旧常住員たちに与えられる慰労休暇のこと。二泊三日の外出が許される。→暫暇《ざんか》、弁事《べんじ》

入制《にゅうせい》
安居《あんご》（学期）に入ること。

如法《にょほう》
定められた法規に合った形で動作すること。

庭詰《にわづめ》
修行者が僧堂に入門する時に、必ず通過しなければならない検問。庫裡《くり》の大玄関で終日低頭し、入門の願いを乞わなければならない。通常、二日から三日行なわれる。↓旦過詰《たんがづめ》

涅槃会《ねはんえ》
二月十五日、釈尊が亡くなられた日に行なわれる儀式。

涅槃金《ねはんきん》
僧が行脚に出るとき、病気や不慮の死によって他人に迷惑をかけないため、予め袈裟文庫の中に入れておく若干の金銭。葬式をするための金。

練《ね》り返《かえ》し
制中の大接心の後に行なわれる一週間の平常接心のこと。大接心中の不備を補う目的で行なわれる。⇕地取《じど》り

拈提《ねんてい》
古則公案を提起して修行者に示すこと。またそれを工夫参究すること。

【は行】

拝敷《はいしき》
住職が礼拝を行なうときに用いるござ状の敷物のこと。

拝請《はいしょう》
礼拝懇請《らいはいこんせい》の略。師家や長上の僧を迎えること。

梅湯《ばいとう》
梅干しを煮出して、甘味を加えた飲みもの。

梅湯茶礼《ばいとうざれい》
朝の一番、朝課、堂内諷経《どうないふぎん》の終わった後、堂内で行なわれる茶礼。

把住《はじゅう》
ひっつかまえて、ぴたりとおさえこむこと。師家が修行者を指導する手段の一つ。転じて、僧堂の経理における「収入」のこともいう。⇕放行《ほうぎょう》

把針灸治《はしんきゅうじ》
衣服の繕《つくろ》いをしたり、身体の治療を行なったりすること。転じて接心の始まる前日に与えられる身心整備の日のこと。

跋陀婆羅菩薩《ばっだばらぼさつ》
入浴せんとして悟りを開いたといわれる菩薩。そのため禅寺では浴室に祀《まつ》られている。

末単《ばったん》
単の一番下座の方。すなわち、そこに坐る新参のことをいう。→高単《こうたん》、中単《なかたん》

法堂《はっとう》
七堂伽藍《しちどうがらん》の一つ。住持が仏にかわって説法する場所。一般の禅寺での本堂に当たる。

板《はん》
禅堂の前門脇に下げられ、日に数度、時を知らせるため

に打たれる木製の板。→開板

半跏趺坐《はんかふざ》

半跏ともいう。坐禅法の一。→結跏趺坐《けっかふざ》

晩課《ばんか》

夕刻の読経、諷経《ふぎん》のこと。

飯器《はんき》

米飯を入れて供給する器。おひつのこと。

半夏《はんげ》

夏安居《げあんご》の中間の時期のこと。通常、六月十五日から始まる一週間の大接心を「半夏の大接心」という。

半斎《はんさい》

粥座と斎座の半ばの時刻をいい、その時刻に行なう法要のことをいう。

飯台《はんだい》

食事に用いる台。

飯台看《はんだいかん》

食事の給仕当番。

引手《ひきて》

托鉢などのときの引率者。

評席《ひょうせき》

長年の修行を積んだ古参の修行者をいう。またこの中から、知客《しか》、副司《ふうす》、直日《じきじつ》、聖侍《しょうじ》の役が選ばれるので役位とも同義に用いられる。

病僧寮《びょうそうりょう》

→延寿堂《えんじゅどう》

賓接《ひんせつ》
接客案内係。参拝客に堂内などを誘導案内する。

兄弟《ひんでい》
同一の師家の下で修行した、仏法の上の兄弟のこと。

副司《ふうす》
元来、住職を補佐する役職（＝副寺《ふうす》）。僧堂では、会計を司る役職も指す。現在は、知客《しか》が副司を兼ねることが多い。

副司寮《ふうすりょう》
副司が詰める役寮。

普請《ふしん》
衆僧がそろって勤労すること。

副随《ふずい》
庶務係。作務、集米の予定や割り振り、接待、貼案《てんあん》などを行なう。

副随寮《ふずいりょう》
副随が詰める役寮。

仏性《ぶっしょう》
生命あるものが生まれながらにして持っている仏としての本性。

仏餉《ぶっしょう》
仏前に供える米飯。仏飯。

不立文字《ふりゅうもんじ》　**教外別伝**《きょうげべつでん》
文字、言説を立てず、文字言説による教説にとらわれずに、心から心に（以心伝心）仏祖の悟りを伝える。

分散《ぶんさん》

一会終了して修行者一同が分かれ去ること。

分衛《ぶんねい》

托鉢のこと。↓托鉢

弁事《べんじ》

私用で外出を許されること。通常、二夜三日以内をいう。

↓暫暇《ざんか》、二夜三日《にやさんにち》

棒喝《ぼうかつ》

師家が修行者を導くのに用いる手段・方法のこと。古来「徳山の棒、臨済の喝」といわれるのに基づく。

放行《ほうぎょう》

師家が修行者を指導する手段の一つ。一切を許し与えて、自由に任すこと。転じて、僧堂内の経理における「支出」のこともいう。⇕把住《はじゅう》

飽参《ほうさん》

充分に会得すること。悟りを開いて参ずる必要のなくなること。

放参日《ほうさんび》

入室参禅のない日のこと。

方丈《ほうじょう》

維摩居士《ゆいまこじ》が一丈四方の部屋に住んでいたという故事から転じて、寺院の住職の居室をいう。さらに転じて寺の本堂を指す。また、住職のこともいう。

法臘《ほうろう》

出家得度してからの年数。

菩提《ぼだい》

さとり。さとりの智慧。さとりの境地。また俗に冥福の意にも用いる。

法鼓《ほっく》　法要、提唱などの出頭の合図として用いられる太鼓。

法戦《ほっせん》　師家と修行者が問答するさまを、戦いになぞらえてかくいう。

本飯《ほんぱん》　正式の食事作法による食事のこと。＝正飯《せいはん》　⇕随意飯《ずいはん》

本浴《ほんよく》　正式な作法にしたがって風呂に入ること。⇕随意浴《ずいよく》

【ま行】

三具足《みつぐそく》　仏前に配置される、香炉・花瓶・燭台の三種類をいう。花瓶・燭台が各一対と香炉一口の五つを五具足《ごぐそく》という。

無字《むじ》　「狗子《くす》に仏性《ぶっしょう》有《あ》りや、也《ま》た無《な》しや」の問いに対する趙州和尚の「無」という答えのこと。いわゆる「無字の公案」として、入門時最初に与えられる公案。

木板《もくはん》　板《はん》のこと。→開板《かいはん》

帽子《もうす》　僧が法式のときに着用する帽子のこと。観音帽子など。

黙照禅《もくしょうぜん》

曹洞系の只管打坐《しかんたざ》の禅風を称してかくいう。

文殊菩薩《もんじゅぼさつ》

禅堂内に祀《まつ》られる。通常、聖僧《しょうそう》という。

問訊《もんじん》

掌を合わせ、体を曲げて低頭《ていとう》し礼拝すること。→低頭

門送《もんそう》

禅門での送迎の礼式のひとつ。客を門の外まで出て見送ること。

【や行】

薬石《やくせき》

薬はくすり。石は石で作った針のこと。転じて薬剤の総称、あるいは病気の治療をいう。仏門では、正午を過ぎてから食事をとることを許さなかったので、修行者の飢えを癒して修行を成就させるための薬として夕食をとった。したがって禅門では夕食のことを薬石という。

野狐禅《やこぜん》

真の悟境に達していないのに自ら得法の禅者のようにふるまうエセ禅のことをいう。

夜坐《やざ》

開枕《かいちん》後、ひそかに禅堂を出て、樹下《じゅげ》、石上《せきじょう》等で自発的に坐禅すること。

浴頭《よくじゅう》

開浴の準備をする浴室の当番。

【ら行】

羅漢《らかん》 →阿羅漢《あらかん》

絡子《らくす》 両肩をとおして胸に掛ける小型の袈裟。掛絡《から》ともいう。

龍象《りゅうぞう》 すぐれた力量の修行者のこと。

隣単《りんたん》 隣の単に坐る修行者のこと。

老師《ろうし》 師家に対する尊称。親しく教えを受けた者は、老漢と呼ぶこともある。

臘八《ろうはつ》 臘は臘月《ろうげつ》（十二月）、すなわち十二月八日、釈尊成道の日のこと。また、十二月一日から八日まで行なわれる臘八大接心の略称。

炉鞴《ろはい》 鍛冶に用いるふいごのこと。転じて禅門では師家が弟子を鍛練する道場のことをいう。

【わ行】

話頭《わとう》 古則、公案のこと。

椀頭《わんず》 食器の出し入れを管理する係。

佐藤義英（さとう・ぎえい）

大正10年生まれ。京都東福寺で修行ののち、三重県上野市の法泉寺に住職したが、病を得て昭和42年、47歳で世を去った。病床にあること10年、その間、東福寺での修行体験をもとにこの絵日記風の画文を書き上げた。

新装版　雲水日記―絵で見る禅の修行生活

昭和57年 2月 5日　初版第1刷発行
昭和59年11月25日　第2版第1刷発行
令和 3年11月 1日　新装版初版第3刷発行

著　者　佐藤　義英

発　行　公益財団法人 禅文化研究所
〒604-8456 京都市中京区西ノ京壺ノ内町8-1
花園大学内
TEL 075-811-5189　info@zenbunka.or.jp
https://www.zenbunka.or.jp

印　刷　㈱耕文社

ISBN978-4-88182-284-5 C0015